नज़रें संग रवि

प्रेम की किरणें

डॉ. रवि राज़

Made with ♥ on the Notion Press Platform
www.notionpress.com

यह कविता संग्रह "नज़रें संग रवि" मैं उन सभी नज़रों को समर्पित करता हूँ, जिन्होंने कभी किसी की ओर अपना मन लगाया और जिनकी पहली नज़र में छुपी होती है अनगिनत एहसासों की एक पूरी दुनिया। ये नज़रें प्रेम की शुरुआत का पैगाम लेकर आती हैं, दिल के सबसे गहरे कोने में छुपे सपनों को जगाती हैं और हर बार नई उम्मीद की किरण बनकर उभरती हैं।

साथ ही यह समर्पण उन नज़रों को भी है, जो विरह के अंधकार में खुद को खोजती हैं, जो दूरियों की चोट सहकर भी आशा की लौ जलाए रखती हैं, और जिनके आंसुओं में भी अनकही मिठास होती है। यह पुस्तक उन "रवि" के नाम समर्पित है | उन अनगिनत सूरजों के, जो हमारे जीवन में उजाला और ऊर्जा लेकर आते हैं, जो हर दिन की पहली किरण की तरह हमारे दिलों को गर्माहट देते हैं, अंधेरों को दूर भगाते हैं और जीवन के हर नए सवेरा में नई उमंगें भर देते हैं।

सबसे महत्वपूर्ण यह है कि यह समर्पण उन सभी दिलों को है, जो प्रेम की गहराई को समझते हैं, जो नज़रें मिलाकर भी शब्दों से परे भावों को महसूस करते हैं, और जो संवाद से बढ़कर एक एहसास को समझते हैं। आपकी आशाओं, सपनों और प्यार के साथ, यह संग्रह मेरी तरफ से एक छोटा सा उपहार है |

एक प्रयास उस अनमोल अनुभव को शब्दों में पिरोने का, जो हर इंसान के जीवन में नज़रें और रवि लेकर आते हैं।

- डॉ. रवि राज़ / Dr. Ravi Razz

क्रम-सूची

प्रस्तावना	xi
भूमिका	xiii
पावती (स्वीकृति)	xv
आमुख	xvii
1. नज़रें संग रवि	1
2. मासूम और शाम	2
3. इश्क़ और प्यार	3
4. प्यास और शराब	4
5. रवि और कवि	5
6. शाम और सुबह	6
7. रात और बात	7
8. समर्पण और दर्पण	8
9. अजर-अमर	9
10. लाड़ और प्यार	10
11. होंठ और मुस्कान	11
12. रूह और मुलाक़ात	12
13. जिस्म और करिश्मा	13
14. सर्द और दर्द	14
15. प्यार और नफ़रत	15
16. सिरहाने और आँसू	16
17. प्यार और मोहताज़	17
18. रूहानी और कहानी	18

क्रम-सूची

19. प्यास और रिश्ता	19
20. गुलाबी और नशीली	20
21. जुनून और शाम	21
22. कमर और बदन	22
23. नज़ाकत और रवानी	23
24. खुशबू और मुस्कान	24
25. खुद-ब-खुद	25
26. ख़ुदा और गवाह	26
27. चाँदनी और रात	27
28. यादें और बातें	28
29. सुहानी और पुरानी	29
30. ख़याल और जाल	30
31. ज़िंदगी और सलाम	31
32. दर्पण और अर्पण	32
33. सुलगती और लकीर	33
34. मंज़िल और बदनाम	34
35. बादल और काजल	35
36. बदन और शबनम	36
37. आग और रात	37
38. सवाल और जवाब	38
39. रंजिशें और जिस्म	39
40. प्यासी और जवानी	41

क्रम-सूची

41. शराबी और सराब 43

42. पुकारना और पुचकारना 44

43. रंगीनी और जवानी 45

44. प्याल और ग़ज़ल 46

45. जवानी और प्यासी 47

46. ज़ुल्फ़ें और अदाएँ 48

47. चमकती और खनकती 49

48. पहरे और जज़्बात 50

49. ख़्वाब और अधूरा 51

50. आँखें और काजल 52

51. हाल और छल 53

52. ख़ामोशी और रवानी 54

53. तारा और प्यारा 55

54. समर्पण और नमर्पण 56

55. सहारा और तुम 58

56. पुकारूं और दुलारूं 59

57. तन्हाइयाँ और धड़कन 60

58. इश्क़ और मुकम्मल 61

59. दास्तां और इम्तिहान 62

60. खुमार और बाहें 63

61. खूबसूरत और निगाहें 64

62. रवि और समावत 65

क्रम-सूची

63. ढलने और कायम 66

64. सिसकन और बेक़रारी 67

65. बहकना और संग 68

66. मदहोशी और रात 69

67. अल्फ़ाज़ और जज़्बात 70

68. हक़ीक़त और मुकम्मल 71

69. तेरे ख़्वाब और दर्पण 72

70. चाँदनी रात और खिड़की 73

71. सरकना और मुस्काना 74

72. झूठ और वादे 75

73. आवारा और शाम 76

74. चहकना और चमकना 77

75. मुश्की और तिल 78

76. अकेलापन और यादें 79

77. पुकारना और जवानी 80

78. तितलियाँ और सपना 81

79. ख़्वाब और जवाब 82

80. तन्हाई और हकीकत 83

81. दूरियों का साया 84

82. रूह और रूह 85

83. दोस्ती और नज़र 86

84. दिल की बातें 87

क्रम-सूची

85. गहरा और सहारा 88

86. पल और पल 89

87. आमने और सामने 90

88. रबाब और सबब 91

89. मुश्किल और वक्त 92

90. प्रेम की किरणें 93

91. चाल और ढाल 94

92. पतली और कमर 95

93. अदाओं और एहसास 96

94. नखरे और नज़रें 97

95. मोहब्बत और चाहत 98

96. जीवन और आशा 99

97. नूर और झलक 100

98. गुलाबी और बदन 101

99. मिलन और अरमान 102

100. ख्वाब और सपना 103

101. घायल और ख्याल 104

102. घायल और धड़कन 105

103. आशू और मोती 106

104. तेरा ही बसेरा होगा 107

105. पहली नज़र का जादू 108

नज़रें संग रवि 109

क्रम-सूची

लेखक परिचय 111

एक मासूम शाम 113

समर्पण 115

प्रस्तावना

प्रेम और नज़रें दो ऐसी भावनाएँ, जो जीवन के सबसे सूक्ष्म और गहरे अनुभवों को संजोती हैं। नज़रें, जो पहली बार मिलती हैं, मन के दरवाज़े खोल देती हैं, दिल की धड़कनों को तेज़ कर देती हैं, और एक अनजानी उम्मीद जगाती हैं। और रवि, अर्थात् सूरज, जो अपनी किरणों से जीवन में प्रकाश, ऊर्जा और नई उमंगें भरता है। "नज़रें संग रवि" इसी जादुई मिलन की कहानी है| जहाँ पहली नज़र की मासूमियत, प्रेम की गर्माहट, विरह की पीड़ा और अंततः अनंत आशा का संगम होता है।

इस कविता संग्रह में नज़रें और रवि के बीच के संबंध को विभिन्न रंगों और भावों में प्रस्तुत किया गया है। पहली नज़र के जादू से लेकर दिल के मिलन की मधुरता तक, और विरह की तन्हाई से उठती आशा की किरण तक हर अध्याय एक नई अनुभूति के दरवाज़े खोलता है। यह संग्रह सिर्फ प्रेम कहानियों का संकलन नहीं है, बल्कि जीवन के विविध अनुभवों का प्रतिबिंब है, जो हर पाठक के दिल को छू सके।

मेरी यह इच्छा है कि इस संग्रह की कविताएँ आपके दिल की नज़रों को नई ऊँचाईयाँ दें, आपको जीवन के उजाले की ओर ले जाएँ, और प्रेम की सच्चाई को समझने में सहायक हों। जैसे रवि की हर किरण जीवन को जगाती है, वैसे ही यह किताब आपकी भावनाओं को नई ऊर्जा और रोशनी दे सके।

इस यात्रा में आपका साथ और आपका स्नेह मेरे लिए अनमोल है। आशा है कि "नज़रें संग रवि" के शब्द आपके दिल की गहराइयों तक पहुंचें और आपको प्रेम और जीवन की एक नई दृष्टि प्रदान करें।

प्रस्तावना

- डॉ. रवि राज़ / Dr. Ravi Razz

भूमिका

कविता मन के वे अल्हड़ भाव हैं, जो शब्दों के सांचे में पिरोकर जीवन के अनकहे अनुभवों को सामने लाती हैं। "नज़रें संग रवि" भी एक ऐसी ही कविता यात्रा है, जिसमें नज़रें और रवि के माध्यम से प्रेम, विरह, मिलन और जीवन की गहराईयों को समझने की कोशिश की गई है। नज़रें, जो पहली बार मिलती हैं तो एक अनजान सी उम्मीद जगाती हैं, और रवि, जो हर सुबह नई रोशनी लेकर आता है, जीवन में ऊर्जा भरता है।

यह संग्रह इन दोनों के बीच के अद्‌भुत रिश्ते को उद्‌घाटित करता है| कैसे नज़रें प्रेम की भाषा बन जाती हैं, कैसे रवि की किरणें दिलों को छूती हैं, और कैसे ये दोनों मिलकर जीवन के हर पहलू को उजागर करते हैं। इस पुस्तक की कविताएँ सरल भाषा में गहरे भाव प्रकट करती हैं, जो हर पाठक के दिल को छू सकें।

यहां आप पाएंगे प्रेम के पहले मिलन की नज़ाकत, दूरी और विरह की पीड़ा, और अंततः अनंत प्रेम की आशा और विश्वास। यह किताब केवल एक कविता संग्रह नहीं, बल्कि एक अनुभव है, जो हर किसी के अपने जीवन की कहानियों से जुड़ता है।

मेरी कामना है कि "नज़रें संग रवि" आपके दिलों में अपनी जगह बनाए, और आपको प्रेम और जीवन की नई समझ दे।

- डॉ. रवि राज़ / Dr. Ravi Razz

पावती (स्वीकृति)

यह सम्मान मेरे लिए अत्यंत गौरव की बात है कि मेरा कविता संग्रह "नज़रें संग रवि" आपके समक्ष प्रस्तुत है। इस रचना के माध्यम से मैंने प्रेम, नज़रें और जीवन की गहराइयों को व्यक्त करने का प्रयास किया है। इस कार्य की प्राप्ति और प्रकाशन के लिए मैं अपने परिवार, मित्रों, और सभी शुभचिंतकों का हृदय से आभार व्यक्त करता हूँ, जिनके प्रोत्साहन और विश्वास के बिना यह संभव नहीं हो पाता।

मैं अपने शिक्षकों, मार्गदर्शकों और साहित्यिक साथियों का भी धन्यवाद करता हूँ, जिन्होंने इस यात्रा में मेरी सहायता की और मेरी रचनाओं को बेहतर बनाने में योगदान दिया। इस पुस्तक के प्रति आपकी स्वीकृति और समर्थन मेरे लिए प्रेरणा का स्रोत है, और मैं आशा करता हूँ कि यह संग्रह पाठकों के दिलों को छू सके और उनके जीवन में कुछ सकारात्मक बदलाव ला सके।

आपके स्नेह और सहयोग के लिए पुनः धन्यवाद।

- डॉ. रवि राज़ / Dr. Ravi Razz

आमुख

कविता, मन की सबसे सच्ची अभिव्यक्ति है, जो शब्दों के परे भी भावों को संजोती है। "नज़रें संग रवि" एक ऐसा संग्रह है, जो प्रेम की नज़रों और जीवन के उजाले को एक सुंदर संगम में प्रस्तुत करता है। यह पुस्तक केवल प्रेम की कहानियाँ नहीं, बल्कि हर उस भावना का दस्तावेज है, जो हम अपनी ज़िंदगी में महसूस करते हैं| चाहत, विरह, मिलन और अनंत आशा।

यह संग्रह पाठकों को भावनात्मक रूप से जोड़ने का एक माध्यम है, जो हमें याद दिलाता है कि प्रेम और जीवन का हर पहलू अनमोल है। मैं उम्मीद करता हूँ कि यह संग्रह आपके दिल को छूकर आपकी आत्मा को प्रकाशमय करेगा।

इस यात्रा में आपका स्वागत है| आइए, नज़रें संग रवि के इस सफर का आनंद लें।

- डॉ. रवि राज़ / Dr. Ravi Razz

1. नज़रें संग रवि

जब पहली बार नज़रें मिलीं, तो वक़्त वहीं ठहर गया,
दिल की धड़कनों का शोर भी, इक पल को ठंडा पड़ गया।
तेरी आँखों में जो बात थी, वो लफ्ज़ों में कहाँ बयां होती,
जैसे सूरज की पहली किरण, समंदर की गोद में खोती।
तेरी हँसी की वो मासूमियत, जैसे भोर की कोमल धूप,
जो रूह तक उतर जाए, जैसे ख़ुशबू कोई महकती अनूप।
तेरी पलकें झुकीं जब हल्की सी, तो लगा शाम ढलने लगी,
रवि भी संध्या संग छिप गया, पर मोहब्बत मचलने लगी।
हर लम्हा तेरा एहसास, दिल के मौसम में बहता रहा,
कभी सावन की मीठी फुहार बन, कभी शबनम सा ढलता रहा।
तेरी बातें, तेरा अंदाज़, वो सादगी की एक कहानी थी,
जिसमें हर शब्द मोहब्बत था, और हर नज़र दीवानी थी।
जब चाँदनी रातों में तेरा नाम हवाओं से सुना करता हूँ,
तो दिल के वीराने में इक दिया रौशन हुआ करता हूँ।
तेरी यादों की धूप-छाँव, मेरी दुनिया का मौसम है,
नज़रें संग रवि की लौ जलती रहे, यही तो मेरा जीवन है।
अब ये नज़रें बस तुझे ही ढूंढ़ें, हर सुबह और हर शाम,
तेरी बाहों में पनाह मिले, यही दिल की आख़िरी फ़रियाद।
तू रहे करीब या दूर कहीं, तेरा नाम धड़कन में लिखा है,
सूरज संग चमकेगी ये मोहब्बत, जो नज़रें तेरी छू गई हैं।

2. मासूम और शाम

एक मासूम शाम थी, हल्की सी ठंडी हवा चली,
सूरज के धुंधले रंगों में, तेरी यादें मचल चलीं।
नीले आसमान के आँचल में, बादल भी धीरे-धीरे पिघल गए,
जैसे तेरी आँखों की नमी, मेरी पलकों पे ठहर गए।
सड़क किनारे खड़ा वो पेड़, मेरी तन्हाई को तकता रहा,
तेरी यादों का हर झोंका, मेरे दिल को छूता रहा।
हवा ने धीरे से कानों में, तेरा नाम लिया होगा,
वरना क्यों मेरी धड़कन ने, फिर से तुझे याद किया होगा?
वो मासूम शाम अब भी हर रोज़, मेरे साथ चलती है,
तेरी हँसी की गूँज लिए, मेरी साँसों में बसती है।
न सूरज पूरी तरह डूबता है, न चाँद पूरी तरह खिलता है,
उस अधूरी सी शाम में, मेरा इश्क़ हर रोज़ पलता है।
तेरी मासूम बातों की, हल्की हल्की मिठास थी,
उन लम्हों में कहीं छुपी, मेरी धड़कनों की प्यास थी।
अब भी जब शाम ढलती है, तो तेरा अहसास आता है,
तेरी मासूम हँसी के बिना, हर रंग अधूरा लग जाता है।

3. इश्क़ और प्यार

इश्क़ और प्यार, दो नाम मगर एक अहसास,
जैसे सुबह की कोमल धूप, जैसे चाँदनी की मीठी मिठास।
इश्क़ का रंग गहरा होता, जुनून सा हर दिल में रहता,
प्यार का स्पर्श कोमल होता, जैसे फूलों की खुशबू बहता।
इश्क़ बेख़बर रहता है, हर दर्द में हँसना सिखाता,
प्यार सुकून सा देता है, हर आंसू को मोती बनाता।
इश्क़ में जलने की आदत है, हर हद को पार कर जाता,
प्यार में ठहराव का जादू है, दिल की धड़कन बन जाता।
इश्क़ में दीवानगी होती, हदों को भी तोड़ देता है,
प्यार में परवाह होती, हर घाव को जोड़ देता है।
इश्क़ आवाज़ लगाता है, रातों में बेचैन करता है,
प्यार खामोशी से सहलाता, आँखों से ही बात करता है।
इश्क़ आग का दरिया है, जिसमें डूबना ही पड़ता है,
प्यार समंदर की लहरें हैं, जो खुद किनारा कर देता है।
इश्क़ में सब्र कम होता, दिल बस तड़पता रहता है,
प्यार में इंतज़ार की आदत, हर लम्हा मुस्कुराता रहता है।
इश्क़ और प्यार का मेल जब हो, तो जन्नत ज़मीन पर होती है,
एक संग चलें गर दोनों, तो हर दुआ कबूल होती है।
इश्क़ में पागलपन है, प्यार में अपनापन है,
इन दोनों के संग जो जिए, वही इस जहां में सच्चा दीवाना है।

4. प्यास और शराब

प्यास थी दिल में, पर कोई दरिया नज़र नहीं आया,
सहराओं से गुज़रे हम, पर कोई साया नज़र नहीं आया।
इश्क़ की आग लगी थी सीने में,
पर बुझाने को एक कतरा भी असर नहीं आया।
तेरी यादों की मय थी, मैं हर घूँट में तुझे पीता रहा,
तेरी बातें थी नशे की तरह, मैं हर लफ्ज़ में डूबता रहा।
प्यास भी थी, शराब भी थी, मगर सुकून फिर भी न मिला,
तेरे बिना ये जाम भी फीका, और तेरा साथ ही मेरी मंज़िल था।
शराब से बुझी नहीं वो तिश्नगी, जो तेरी बाहों में महसूस हुई थी,
तेरी आँखों के जाम में जो नशा था, वो किसी मयखाने में नहीं मिली थी।
मैं हर रात इस छलावे में खुद को भुलाने बैठता हूँ,
पर इश्क़ की प्यास ऐसी कि हर घूँट में तेरा अक्स दिखता हूँ।
मयखाने की राहों में तेरा नाम लिखा मिलता है,
हर जाम में तेरा अक्स ही छलकता है।
ये प्यास न शराब से बुझी, न अश्कों से कम हुई,
इश्क़ का ये दरिया था, जिसमें मेरी रूह भी डूब गई।

5. रवि और कवि

रवि चमकता है गगन में, अपनी किरणों से जीवन जगाता,
कवि शब्दों से भावों को गढ़े, हर दिल में नया संसार बसाता।
रवि की रोशनी में प्रकृति खिलती, हर अंधेरा दूर भगाता,
कवि की कल्पना में प्रेम झलकता, हर अधूरी आस जगाता।
रवि जलता है दिनभर, पर रोशनी बनकर जीता है,
कवि तड़पता है शब्दों में, पर हर दर्द को कविता में सीता है।
रवि की आग से मौसम बदलते, दिन-रात का क्रम चलता है,
कवि के अल्फ़ाज़ से दुनिया बदलती, हर एहसास नया रंग धरता है।
रवि जब डूबता क्षितिज के पार, तो शाम का जादू बिखर जाता,
कवि जब लिखता प्रेम में डूबकर, तो हर पाठक भावों में बह जाता।
रवि और कवि की ये दुनिया, दो अलग मगर समान कहानियाँ,
एक उजाले का देवता, दूसरा शब्दों से रचता प्रेम गाथाएँ।
रवि सृष्टि को जीवन देता, हर पौधे में हरियाली लाता,
कवि दिलों में आग जलाकर, सोई संवेदनाओं को जगाता।
रवि और कवि का संगम जब हो, तो नया सवेरा आता है,
जहाँ उजाले में कविता गूंजती, और प्रेम अमर हो जाता है।

6. शाम और सुबह

शाम आई तो यादें घनी हो गईं,
ढलते सूरज के संग तन्हाइयाँ भी गहरी हो गईं।
हवा के हल्के झोंकों में, तेरी खुशबू बह चली,
दिल की वीरान गलियों में, तेरी परछाई ठहर गई।
चाँद निकला, मगर उजाला अधूरा सा था,
जैसे तेरे बिना ये जहाँ भी कुछ सूना सा था।
रात करवटों में बीती, तेरा नाम होंठों पे रहा,
इक उम्मीद थी कि सुबह शायद तेरा पैगाम लाएगा।
फिर आई सुबह, नयी रौशनी का संदेशा लिए,
तेरी यादों को ओस की बूँदों में समेटे हुए।
सूरज की पहली किरण ने गले से लगा लिया,
जैसे किसी अजनबी ने प्यार से पुकार लिया।
शाम मोहब्बत की कसक है, अधूरी दास्तानों की जुबाँ,
सुबह नई उम्मीदों का गीत है, नया ख्वाब, नई दास्ताँ।
शाम में जुदाई का रंग घुला, तो सुबह में मिलन की आस,
इश्क़ का सफ़र है ये, जिसमें हर लम्हा एक एहसास।

7. रात और बात

रात गहरी थी, खामोश मगर कहानी कह रही थी,
तेरी यादों की परछाइयाँ, चाँदनी में बह रही थीं।
हवा भी तेरी बातों का कोई संदेसा लाई थी,
तारों की जुबां में, मोहब्बत की धुन समाई थी।
एक बात थी, जो दिल में कहीं दबी रह गई,
तेरी आँखों की नमी में शायद वही छवि रह गई।
चाँद भी ठहरा सा था, सुनने को मेरे जज़्बात,
मगर ये दिल ही डर गया, अधूरी रह गई मेरी बात।
रात मेरी तन्हाई से बातें करने लगी,
तेरी यादों की परछाई मुझे घेरने लगी।
मैंने हवा से पूछा, तेरा हाल-ए-दिल क्या है?
चुप थी वो भी, मगर उसकी नमी ने सब कह दिया।
कुछ बातें ऐसी होती हैं, जो कभी कही नहीं जातीं,
बस आँखों में ठहर जाती हैं, और लफ्ज़ों में ढल नहीं पातीं।
रात और बात की ये कहानी हर रोज़ दोहराई जाती है,
इश्क़ जब अधूरा रह जाए, तो मोहब्बत यूँ ही निभाई जाती है।

8. समर्पण और दर्पण

समर्पण वो एहसास है, जहाँ खुद को मिटा दिया जाता है,
मोहब्बत की राह में हर दर्द को अपनाया जाता है।
न कोई शर्त, न कोई सीमा, बस एक अटूट विश्वास,
जहाँ एक दिल, दूसरे दिल में खो जाता है।
दर्पण में देखता हूँ जब तेरा अक्स,
तो लगता है जैसे तू मुझमें ही समाया है।
तेरी हर छवि मेरी रूह का हिस्सा बन गई,
तेरे बिना ये आईना भी अधूरा नज़र आया है।
समर्पण प्रेम का सच्चा स्वरूप है,
जहाँ दो आत्माएँ एक हो जाती हैं।
कोई परिभाषा, कोई दायरा नहीं,
बस तेरी चाहत में मैं खो जाता हूँ।
दर्पण में हर रोज़ तेरा अक्स उभर आता है,
जैसे तू मेरे अस्तित्व का आइना बन जाता है।
तेरी आँखों में झलकती है मेरी पूरी दुनिया,
जिसमें हर एहसास तुझसे जुड़ा नज़र आता है।
समर्पण और दर्पण का ये अटूट बंधन,
एक प्रेमी के समर्पण और उसकी छवि का दर्पण।
जहाँ प्रेम मिटता नहीं, केवल अजर-अमर होता है,
हर प्रेमी के हृदय में, हर आईने की दुनिया में जीता है।

9. अजर-अमर

प्रेम की लौ जले तो अजर-अमर हो जाती है,
वक़्त की आँधियाँ आएँ, फिर भी ना बुझ पाती है।
जिस्म मिट जाते हैं, रूहें खो भी सकती हैं,
मगर सच्ची मोहब्बत सदियों तक जीती हैं।
कोई मीरा के भजन में, कोई राधा के मन में,
कोई लैला के जुनून में, कोई शीरीं की अगन में।
कभी गीतों में बहती, कभी आंसू बन छलकती,
सच्ची मोहब्बत हर युग में, अमर कथा सी चहकती।
वो जो लफ्ज़ों में बसी, वो जो साँसों में रही,
वो जो धड़कनों में धड़कती, वो जो आत्मा में बही।
न कोई उसे मिटा सका, न कोई उसे छू सका,
जो प्रेम एक बार खिल गया, फिर न कभी झर सका।
अजर-अमर वही होता, जो आत्मा से जोड़ा जाए,
जिसमें स्वार्थ न हो, बस समर्पण से निहारा जाए।
जो मिटकर भी अमिट रहे, जो समय से परे चले,
वही प्रेम, वही रिश्ता, अनंत काल तक अमर चले।

10. लाड़ और प्यार

लाड़ वो मीठी मुस्कान है, जो होठों पर सजती है,
प्यार वो गहरी धड़कन है, जो दिल में मचलती है।
लाड़ में मासूमियत होती, जैसे बचपन की नटखट बातें,
प्यार में गहराई होती, जैसे रूह से जुड़ी मुलाक़ातें।
लाड़ में मीठी छेड़छाड़, कभी शिक़ायत, कभी मनुहार,
प्यार में चुपचाप समर्पण, हर बात को समझने का अधिकार।
लाड़ में रूठने की गुंजाइश, फिर भी झट से मान जाना,
प्यार में ताउम्र साथ निभाना, हर मुश्किल में संग निभाना।
लाड़ में आँखों की शरारत, छुपी हुई एक प्यारी चाहत,
प्यार में नज़रों की गहराई, जिसमें समाई अनंत राहत।
लाड़ कभी झूठा नहीं होता, बस मासूम सा बहक जाता,
प्यार कभी अधूरा नहीं होता, हर जन्म में साथ निभाता।
लाड़ और प्यार का संगम हो, तो जीवन गीत बन जाता,
हर रिश्ता अमर सा लगता, हर दिल गुलाब बन जाता।
लाड़ में अपनापन झलकता, प्यार में आत्मा तक समर्पित,
ये दो एहसास मिल जाएँ तो, प्रेम बन जाए अजर-अमर चित्रित।

11. होंठ और मुस्कान

होंठ खामोश भी रहें तो हजार बातें कह जाते हैं,
कभी शिकवा, कभी मोहब्बत के अफसाने बयां कर जाते हैं।
इन्हीं होंठों पर जब मुस्कान खिलती है,
तो जैसे सूखी डाल पर कोई कली फिर से खिलती है।
होंठों की थरथराहट में कोई राज़ छुपा होता है,
और मुस्कान की कोमलता में हर दर्द दबा होता है।
कभी हल्की मुस्कान किसी का दिन बना देती है,
तो कभी काँपते होंठ किसी की रातें जगा देती हैं।
जब होंठ कोई वादा करते हैं, तो दिल भरोसा कर लेता है,
और जब मुस्कान इजहार करती है, तो इश्क़ अमर हो जाता है।
ये होंठ प्रेम के संदेशवाहक, ये मुस्कान उसकी पहचान,
जहाँ दोनों मिल जाएँ, वहीं खिलती है प्यार की जान।
कभी होंठ खामोश रहें, तो आँखों से पूछ लेना,
कभी मुस्कान ग़म छुपाए, तो धड़कनों से सुन लेना।
होंठ और मुस्कान का रिश्ता गहरा, मगर रहस्य से भरा,
कभी इनमें छुपा इश्क़, तो कभी बेइंतहा दर्द का सहरा।

12. रूह और मुलाक़ात

रूह जब किसी से मिलती है, तो मिलन सिर्फ जिस्मों का नहीं होता,
वो एहसास जो दिलों में बसता है, वो लफ़्ज़ों से कहा नहीं जाता।
मुलाक़ातें तो दुनिया में रोज़ होती हैं,
पर कुछ रिश्ते रूह के करीब होते हैं।
कभी किसी की आँखों में ऐसा सुकून दिखता है,
जैसे बरसों की तलाश का जवाब मिलता है।
कोई पहली बार मिलकर भी अपना सा लगता है,
जैसे सदियों पहले से कोई बंधन बंधा था।
रूह की मुलाक़ात जब होती है, तो वक्त भी ठहर जाता है,
एक नजर में जैसे कोई जन्मों का सफर कट जाता है।
कोई ख़ास होता है जो भीड़ में अलग दिखता है,
जो बिना कुछ कहे भी हमारी धड़कनों में बसता है।
मुलाक़ातें तो बहुत होती हैं, मगर कुछ अधूरी रह जाती हैं,
और कुछ ऐसी होती हैं, जो ज़िन्दगीभर नहीं मिटतीं।
जिस दिन रूह से रूह की पहचान हो जाती है,
उस दिन मोहब्बत अजर-अमर हो जाती है।

13. जिस्म और करिश्मा

जिस्म तो मिट्टी का है, एक दिन बिखर जाएगा,
मगर करिश्मा उस रूह का है, जो सदा अमर हो जाएगा।
हुस्न के जिस्म पर हर निगाह ठहर जाती है,
मगर मोहब्बत तो रूह के करिश्मे से ही निभ पाती है।
जिस्म में बस धड़कनें हैं, सांसों का आना-जाना,
मगर करिश्मा तो उस एहसास का है, जो हर दर्द सह जाना।
जिस्म अगर जंजीर है, तो रूह एक परिंदा,
करिश्मा उसकी उड़ान का, जो हर बंधन तोड़ देता है।
जिस्म में नशा है, मगर वो फना हो जाता है,
करिश्मा तो उन लफ्ज़ों का है, जो सदियों तक गूंज जाता है।
हुस्न की शोहरत कुछ दिनों में ढल जाती है,
पर मोहब्बत का करिश्मा हर दौर में चल जाता है।
अगर इश्क़ को जिस्म से जोड़ो, तो वो बस एक चाहत है,
मगर जब रूह से बाँधो, तो वो खुदा की इबादत है।
जिस्म पर वक्त के निशान पड़ जाते हैं,
पर करिश्मे की कहानी, सदा अमर रह जाती है।

14. सर्द और दर्द

सर्द हवाएँ चलीं, तो तेरी याद भी साथ आई,
ठिठुरती रातों में तेरी बातें रूह को फिर से जलाने आई।
धुंध की चादर में लिपटी कुछ पुरानी कसमें,
और बर्फ़ से जमे कुछ अधूरे अफ़साने,
दिल के किसी कोने में अब भी ठहरे हुए हैं।
सर्द रातें सिर्फ़ मौसम की नहीं होतीं,
कभी ये जुदाई की भी निशानी बन जाती हैं।
जब तेरी बेरुख़ी की ठंडक ने दिल को छुआ,
तो अहसास हुआ कि दर्द भी बर्फ़ की तरह जम जाता है।
दर्द कोई शोला नहीं, जो लपटों में जल जाए,
ये तो सर्द रात की तरह चुपचाप दिल में उतर जाए।
कभी आह बनकर साँसों में ठहर जाता है,
तो कभी अश्क बनकर पलकों पर बिखर जाता है।
सर्दी और दर्द का ये अजीब सा रिश्ता है,
दोनों ही ठंडे हैं, मगर भीतर आग लिए जलते हैं।
एक जिस्म को ठिठुराता है,
तो दूसरा रूह को तन्हा कर जाता है।

15. प्यार और नफ़रत

प्यार एक फूल है, जिसकी खुशबू दिलों में बस जाती है,
नफ़रत एक आग है, जो सब कुछ जलाकर राख कर जाती है।
एक दिल को संवारता है, तो दूसरा उजाड़ देता है,
एक दुआ बन जाता है, तो दूसरा सज़ा दे जाता है।
प्यार की राह में हर दर्द भी मंज़ूर होता है,
नफ़रत की राह में हर रिश्ता भी दूर होता है।
जहाँ प्यार बहता है, वहाँ रोशनी खिलती है,
जहाँ नफ़रत ठहरती है, वहाँ अंधेरा पलता है।
प्यार हर घाव को सहला देता है,
नफ़रत हर जख़्म को और गहरा कर देती है।
प्यार में जो चुपचाप सहता है, वो सबसे बड़ा विजेता होता है,
और नफ़रत में जो जीतता है, वो दरअसल सब कुछ खो देता है।
अगर प्यार की ताकत को समझ लिया जाए,
तो दुनिया में नफ़रत की कोई जगह ही न बचे।
जहाँ दिलों में मोहब्बत का दिया जलता है,
वहीं इंसानियत का सूरज भी चमकता है।

16. सिरहाने और आँसू

रात के सन्नाटे में जब सिरहाना गवाह बन जाता है,
दिल की हर दास्तान को ख़ामोशी से सुन जाता है।
जो लफ़्ज़ दिन में कहे न जा सके,
वो रात के अंधेरे में बह जाते हैं आँसू बनकर।
सिरहाने पर रखे ख़्वाब भीग जाते हैं,
जब यादों की बारिश तेज़ हो जाती है।
तकिए की नरमी भी कम पड़ जाती है,
जब दिल की टीस गहरी हो जाती है।
आँसू कभी शिकायत होते हैं, कभी राहत,
कभी छुपाए नहीं छुपते, कभी कहे बिना सब कह जाते।
कोई सिरहाने को भीगा जाता है तड़प में,
तो कोई चुपचाप आसमान तकता है रात में।
सिरहाना हर रात गवाह बनता है उस दर्द का,
जो किसी को बताया नहीं जाता, बस सहा जाता है।
और आँसू हर बार यही समझाते हैं,
कि जो एहसास सच्चा होता है, वो कभी शब्दों का मोहताज
नहीं होता।

17. प्यार और मोहताज़

प्यार अगर सच्चा हो, तो किसी का मोहताज़ नहीं होता,
वो दरिया की तरह होता है, जो खुद ही रास्ता बना लेता है।
ना कोई शर्त, ना कोई उम्मीद, बस बहता चला जाता है,
हर बंधन से परे, हर हद से गुज़र जाता है।
मगर जब मोहब्बत अधूरी रह जाती है,
तो दिल किसी एक झलक का मोहताज़ बन जाता है।
एक आवाज़, एक नाम, एक अहसास की तलाश में,
रूह हर लम्हा भटकती रहती है तमाम उम्र।
प्यार वो नहीं जो ज़रूरतों से बंधा हो,
प्यार तो वही जो किसी सहारे का मोहताज़ न हो।
जो दूर रहकर भी उतना ही गहरा रहे,
जो हर हाल में खिलता रहे, कभी ना ठहरा रहे।
जिसे मोहताज़ी हो किसी चेहरे की, वो इश्क़ नहीं,
इश्क़ तो वो है जो सांसों में बस जाए, रुह में मिल जाए।
जिसे मोहताज़ी हो किसी लफ़्ज़ की, वो जज़्बात नहीं,
प्यार तो वो है जो आँखों से सब कह जाए, खामोशी में भी सुनाई दे।
सच्चा प्यार कभी मोहताज़ नहीं होता,
वो तो हवा की तरह होता है, बस महसूस किया जाता है।
जिसने इसे शर्तों में बांधा, उसने मोहब्बत को जाना ही नहीं,
क्योंकि इश्क़ जब होता है, तो सिर्फ़ रूहानी होता है।

18. रूहानी और कहानी

कुछ इश्क़ रूहानी होता है,
जिसमें जिस्म नहीं, बस रूहें जुड़ा करती हैं।
बिना कहे, बिना छुए, एहसासों में बहा करता है,
हर जन्म, हर युग में वही रिश्ता बना करता है।
और कुछ इश्क़ बस कहानी बनकर रह जाता है,
जिसे लोग सुनते हैं, मगर समझते नहीं।
जो कागज़ पर स्याही बनकर ठहर जाता है,
मगर हकीकत में कभी मुकम्मल नहीं हो पाता।
रूहानी मोहब्बत में दर्द भी इबादत बन जाता है,
बिछड़कर भी दिल उसी नाम की तिलावत करता है।
मिलन की आरज़ू, जुदाई का ग़म नहीं,
बस एक यकीन कि कहीं न कहीं, साथ है वही।
पर जो इश्क़ कहानी बन जाए,
वो अधूरा रहकर भी सदियों तक जिया करता है।
वो गीतों में, किताबों में, हवाओं में बहता है,
और हर आशिक़ के दिल में एक टीस सा रहता है।
कुछ प्यार रूह तक उतर जाते हैं,
कुछ बस अफसानों में सिमट जाते हैं।
पर रूहानी इश्क़ अमर रहता है,
जबकि कहानी का इश्क़ बस सुना जाता है।

19. प्यास और रिश्ता

प्यास सिर्फ़ पानी की नहीं होती,
कभी किसी अपने की बातें सुनने की होती है,
कभी किसी की आँखों में खुद को देखने की होती है,
तो कभी किसी के साथ होने की होती है।
रिश्ता सिर्फ़ खून का नहीं होता,
कभी दिलों का बंधन होता है,
कभी अधूरी ख्वाहिशों का नाम होता है,
तो कभी अनकही भावनाओं का एहसास होता है।
प्यास वो नहीं, जो बस बुझाई जा सके,
कभी यह उम्रभर के इंतज़ार में बदल जाती है।
रिश्ता वो नहीं, जो सिर्फ़ नाम का हो,
कभी यह आत्माओं तक उतर जाता है।
अगर रिश्ते में सच्ची मोहब्बत हो,
तो कोई प्यास अधूरी नहीं रहती।
अगर प्यास सिर्फ़ चाहत की हो,
तो कोई रिश्ता मुकम्मल नहीं बनता।
कुछ रिश्ते प्यास की तरह होते हैं,
जो ताउम्र अधूरे ही रह जाते हैं।
और कुछ प्यास रिश्तों की तरह होती हैं,
जो हर जनम में फिर से लौट आती हैं।

20. गुलाबी और नशीली

तेरी हँसी गुलाबी है, तेरी आँखें नशीली,
तेरी बातों में बहक है, तेरी यादें भी रंगीली।
हवा में घुली है खुशबू तेरे होने की,
जैसे महकती हो रात कोई चमेली की।
गुलाबी शामों में तेरा अक्स उतर आता है,
तेरी सूरत का चाँद दिल में झिलमिलाता है।
तेरा नाम लबों पे आते ही हल्की सी खुमारी छा जाती है,
जैसे बहार में रंगीन फ़िज़ा मुस्कुराती है।
तेरी आँखों की नशीली गहराई,
हर राज़ को बेपरवाह कर जाती है।
कभी ये बहकाती हैं, कभी बहा ले जाती हैं,
हर निगाह जैसे एक प्याला छलका जाती हैं।
गुलाबी होंठों की कोमलता,
नशीली आँखों की शोख़ अदाएं,
इश्क़ का सुरूर भी ऐसा ही होता है,
जो एक बार चढ़ जाए, तो फिर उतरता नहीं।
तू गुलाबी सुबह की पहली धूप है,
और मैं नशीले शाम की मदहोश धुन।
तेरी मोहब्बत का रंग अब मुझमें बस चुका है,
अब न गुलाबी अलग है, न नशीली कोई जुनून।

21. जुनून और शाम

जुनून इश्क़ का हो तो हदें मिटा देता है,
हर दर्द को मोहब्बत बना देता है।
जो दुनिया कहे नामुमकिन,
वो आशिक़ हकीकत बना देता है।
शाम जब ढलती है, तो रंग बदल जाते हैं,
सूरज की जगह चाँद मुस्कुराने लगता है।
हवा में एक ठंडक, एक तन्हाई होती है,
जैसे कोई अधूरा अफ़साना फिर लौट आता है।
जुनून की तरह कुछ शामें भी बेकाबू होती हैं,
बादलों से लिपटी, हवाओं में खोई,
कभी किसी की यादों को समेटे,
तो कभी खामोश रहकर भी बहुत कुछ कहती हैं।
इश्क़ अगर जुनून बन जाए,
तो हर शाम में उसकी परछाई दिखती है।
हर ढलता सूरज किसी वादे की तरह लगता है,
जो कल फिर लौटकर आएगा, नए ख्वाब जगाएगा।
शाम और जुनून का ये अनोखा संगम,
एक को सुकून चाहिए, एक को बेकरारी।
एक ठहर जाना चाहता है,
तो दूसरा हर हद से गुजर जाना चाहता है।
इश्क़ में कोई शाम सा ठहर जाता है,
तो कोई जुनून बनकर अमर हो जाता है।

22. कमर और बदन

तेरी कमर की लचक जैसे बहारों की चाल,
तेरा बदन जैसे चाँदनी में घुलती सुरभि की मिसाल।
हर अदा में इक शोख़ी, हर मोड़ पर इक नशा,
जैसे हवा में घुली हो महकती तमन्नाओं की सदा।
तेरी कमर जब लहराती है,
तो बहारें भी रास्ता भूल जाती हैं।
तेरा बदन जब महकता है,
तो रात भी बेखुदी में खो जाती है।
चाँद भी शरमा जाए तेरी मासूमी से,
हवा भी ठहर जाए तेरी खुशबू में।
तेरे बदन का हर रंग, हर आबरू,
एक अधूरी ग़ज़ल का मुकम्मल वज़न।
तेरी कमर की नज़ाकत, तेरी चाल की रवानी,
तेरी हर हरकत में छुपी है मोहब्बत की कहानी।
एक जादू, एक सुरूर, एक अनकहा एहसास,
तेरा बदन जैसे शायर की अधूरी प्यास।

23. नज़ाकत और रवानी

तेरी नज़ाकत किसी गुलाब की पंखुड़ी जैसी,
हल्की हवा चले तो कांप जाए,
छूने से भी डर लगे,
कि कहीं ये मासूम सी शोख़ी बिखर ना जाए।
तेरी रवानी किसी बहते दरिया जैसी,
जो हर मोड़ से, हर मुश्किल से गुजर जाए।
कभी ठहरती नहीं, कभी बंधती नहीं,
बस अपनी ही धुन में आगे बढ़ती जाए।
नज़ाकत से तेरी हर बात खिल उठती है,
जैसे चाँदनी में भीगती कोई शब।
तेरी हँसी का हर कतरा मोती सा गिरता है,
और मेरी रूह में सदियों तक बस जाता है।
रवानी है तेरी हर अदा में,
तेरी जुल्फ़ों की लहरों में, तेरी नजरों की गहराइयों में।
एक बहाव है, जो खींचे लिए जाता है,
एक समंदर है, जो डूबोए लिए जाता है।
नज़ाकत और रवानी जब मिल जाएँ,
तो मोहब्बत एक ख़ूबसूरत अफ़साना बन जाए।
जहाँ हर लफ़्ज़ फूलों सा कोमल हो,
और हर अहसास लहरों सा बहता जाए।

24. खुशबू और मुस्कान

तेरी खुशबू हवा में घुली रहती है,
जैसे किसी गुलाब की पंखुड़ी ने दिल से दुआ की हो।
हर लम्हा तेरी महक का एहसास होता है,
जैसे तू पास न होते हुए भी, मुझमें कहीं समाई हो।
तेरी मुस्कान किसी सुबह की पहली किरण जैसी,
जो हर अंधेरे को छूकर, उसे रोशनी से भर देती है।
एक हल्की सी झलक भी काफी है,
दिल को बहलाने और रूह को महकाने के लिए।
खुशबू तेरी जुल्फों में भी है,
तेरी सांसों में भी, तेरी बातों में भी।
एक महक जो दिल को बहकाती है,
एक एहसास जो रूह को सरगम सुनाती है।
मुस्कान तेरी शोख़ी की मिठास है,
तेरी मासूमियत की पहचान है।
जो एक बार देख ले, बस देखता ही रह जाए,
जो एक बार महसूस कर ले, वो खुद को खो दे।
खुशबू और मुस्कान जब साथ होती हैं,
तो मोहब्बत खुद-ब-खुद रंगीन हो जाती है।
एक दिल को छू जाती है, दूसरा जान में उतर जाता है,
एक बहकाती है, दूसरा मदहोश कर जाता है।
तेरी खुशबू मेरी साँसों में बस जाए,
तेरी मुस्कान मेरी ज़िन्दगी बन जाए।

25. खुद-ब-खुद

कुछ बातें खुद-ब-खुद समझ आ जाती हैं,
बिना कहे, बिना सुने, बिना पूछे ही।
कुछ अहसास खुद-ब-खुद दिल में उतर जाते हैं,
जैसे बारिश की बूंदें सूखी ज़मीन को भिगो देती हैं।
इश्क़ में कोई वादा ज़रूरी नहीं,
अगर सच्चा हो तो खुद-ब-खुद निभता चला जाता है।
क़ोई नाम, कोई पहचान भी ज़रूरी नहीं,
अगर रूह से जुड़ जाए तो खुद-ब-खुद रास्ता बना लेता है।
कभी किसी की यादें खुद-ब-खुद दिल पर दस्तक दे जाती हैं,
कभी कोई ख़ामोशी भी कहानियाँ सुना जाती है।
कभी कोई निगाहों से हाल पूछ लेता है,
तो कभी बिना देखे ही कोई हाल समझ लेता है।
जो तक़दीर में लिखा हो, वो मिल ही जाता है,
चाहे कितनी भी दूरियां क्यों न हों।
जो अपना हो, वो खुद-ब-खुद लौट आता है,
चाहे कितनी भी रुकावटें क्यों न हों।
इश्क़ हो, या दुआ, या फिर मुकद्दर,
जो तेरे लिए बना हो, वो खुद-ब-खुद तेरा हो जाता है।

26. ख़ुदा और गवाह

इश्क़ जब सच्चा होता है,
तो ख़ुदा भी गवाह बन जाता है।
हर धड़कन में उसका नाम बस जाता है,
हर दुआ में वही शामिल हो जाता है।
मोहब्बत अगर पाक हो,
तो फासले भी कोई मायने नहीं रखते।
आसमां भी झुककर हामी भर देता है,
और तक़दीर भी खुद को बदल देती है।
गवाह हैं ये हवाएँ, ये चाँदनी रातें,
ये दरख़्तों के साए और भीगी बरसातें।
तेरी मेरी हर मुलाक़ात की, हर बात की,
हर उस लम्हे की जब रूह ने रूह को पुकारा था।
इश्क़ को किसी गवाह की ज़रूरत नहीं,
पर फिर भी, जब दिल थक जाता है,
तो कोई न कोई निशानी ख़ुदा छोड़ ही जाता है,
कभी किसी नज़र में, कभी किसी एहसास में।
अगर तेरा मेरा प्यार सच्चा है,
तो हमें किसी से डरने की क्या बात है?
जब ख़ुदा खुद मोहब्बत का दूसरा नाम है,
तो उसे किसी गवाह की क्या ज़रूरत है?

27. चाँदनी और रात

चाँदनी तेरी यादों की तरह है,
जो हर रात मेरी तन्हाइयों को रोशन कर देती है।
तेरी हँसी की हल्की खनक जैसी,
जो हवा के हर झोंके में महसूस होती है।
रात मेरी मोहब्बत की तरह है,
जो तुझमें ही ढलकर मुकम्मल होती है।
तेरी बातों की ठंडक लिए,
तेरी खामोशी की चादर ओढ़े।
जब रात गहरी होने लगती है,
तो चाँदनी और भी करीब आ जाती है।
जैसे कोई अधूरी ख्वाहिश,
जो धीरे-धीरे पूरे होने का वादा कर रही हो।
चाँद की हर किरण तेरा एहसास लिए आती है,
तेरे बिना भी तू मेरे पास लगती है।
ये चाँदनी मेरी गवाह बन गई है,
कि मेरा इश्क़ अब अमर हो गया है।
चाँदनी और रात की ये मोहब्बत अनंत है,
जैसे तू और मैं,
कभी साथ, कभी जुदा,
फिर भी एक-दूजे में समाए हुए।

28. यादें और बातें

कुछ यादें बारिश की बूंदों जैसी होती हैं,
गिरती हैं दिल पर और हर एहसास को भिगो देती हैं।
कुछ बातें उन बूंदों की तरह होती हैं,
जो गिरने से पहले ही हवाओं में घुल जाती हैं।
तेरी यादें किसी भूले हुए नग़मे जैसी,
जो दिल के किसी कोने में हमेशा बजती रहती हैं।
तेरी बातें किसी अधूरे ख़त जैसी,
जो लफ़्ज़ों में बंधकर भी कुछ अनकही रह जाती हैं।
रात के सन्नाटे में जब हवाएँ चलती हैं,
तेरी बातें कानों में सरगोशियाँ करती हैं।
जब चाँदनी खिड़की से झांकती है,
तेरी यादें रूह को छूकर गुज़रती हैं।
कुछ यादें दिल में जमी रहती हैं,
जैसे किसी अलमारी में रखी पुरानी किताब।
कुछ बातें होंठों तक आकर रुक जाती हैं,
जैसे चाँद किसी बादल में छुप जाता है।
यादें गुज़रती नहीं, बस गहरी होती जाती हैं,
बातें मिटती नहीं, बस ख़ामोश हो जाती हैं।
पर जब इश्क़ सच्चा हो, तो ये दोनों ज़िंदा रहती हैं,
एक दिल में, और दूसरी हवाओं में बहती हैं।

29. सुहानी और पुरानी

कुछ सुहानी शामें दिल में बस जाती हैं,
जैसे किसी अपने की हँसी की हल्की गूंज।
कुछ पुरानी यादें साँसों में बस जाती हैं,
जैसे पहली मोहब्बत की खुशबू कभी नहीं मिटती।
सुहानी हवाएँ बीते लम्हों को छूकर गुजरती हैं,
जैसे वक्त भी ठहरकर उन पलों को सलाम करता हो।
पुरानी बातें किसी भूले हुए नग़मे जैसी,
जो दिल के किसी कोने में हमेशा धीमे सुरों में बजती हैं।
कभी कोई सुहानी मुलाकात फिर से याद आ जाती है,
और दिल एक पल के लिए वही ठहर जाता है।
कभी कोई पुरानी ग़ज़ल कानों में पड़ती है,
और रूह फिर उसी एहसास में भीग जाती है।
सुहानी हँसी, जो अब भी दिल को महकाती है,
पुरानी तसवीरें, जो अब भी आँखों को भिगो जाती हैं।
कुछ यादें बस वक़्त के साथ धुंधली होती हैं,
पर मिटती कभी नहीं, बस कहीं भीतर सिमट जाती हैं।
इश्क़ में कुछ सुहाने लम्हे मिलते हैं,
और कुछ पुरानी कसमें रह जाती हैं।
मगर सच्ची मोहब्बत वही होती है,
जो हर दौर में जिंदा रहती है,
कभी सुहानी बनकर,
तो कभी पुरानी बनकर।

30. ख़याल और जाल

तेरे ख़याल किसी नर्म हवा की तरह आते हैं,
धीरे से छूकर गुजरते हैं, पर छोड़ जाते हैं हलचल सी।
तेरी यादों का जाल ऐसा है,
जिससे निकलना चाहूँ तो और उलझ जाता हूँ।
कभी ये ख़याल किसी मीठी ग़ज़ल से लगते हैं,
जो दिल के हर कोने में गूंजती रहती है।
कभी ये जाल किसी अधूरे अफ़साने जैसा,
जो जितना सुलझाना चाहूँ, उतना ही उलझता जाता है।
तेरी बातें, तेरी हँसी, तेरी महक,
सब मेरे ख़यालों में घर कर चुके हैं।
इनसे निकलना अब मुमकिन नहीं,
क्योंकि ये जाल अब मेरी तक़दीर बन चुका है।
इश्क़ जब हद से बढ़ जाता है,
तो ख़याल भी कैद कर लेते हैं।
और चाहें जितना भी भाग लो,
ये जाल मोहब्बत का रास्ता रोक ही लेता है।
अब मेरा दिल भी मान चुका है,
कि मैं तुझमें ही उलझकर जी जाऊँ।
क्योंकि ये ख़याल ही मेरा सुकून हैं,
और तेरा जाल ही मेरी ज़िन्दगी।

31. ज़िंदगी और सलाम

ज़िंदगी हर रोज़ एक नया सवाल करती है,
कभी हंसाकर, कभी रुलाकर इम्तिहान लेती है।
कभी आसान लगती है किसी गुलाब की तरह,
तो कभी कांटों भरी राह बनकर खड़ी हो जाती है।
मगर मैं हर मोड़ पर सलाम करता हूँ,
इन लम्हों को, इन यादों को, इन रिश्तों को।
जो भी मिला, जो भी खोया,
सबको एक हौसले के साथ विदा करता हूँ।
ज़िंदगी चलती रहती है, बिना रुके, बिना थके,
और हर मोड़ पर कोई नया अफसाना छोड़ जाती है।
कभी किसी की हँसी में, कभी किसी की जुदाई में,
तो कभी एक खामोश मोहब्बत के इंतज़ार में।
जो मिला, उसे मोहब्बत से सलाम किया,
जो छूटा, उसे दुआओं में बसाया।
ज़िंदगी की इस किताब के हर पन्ने को,
प्यार और सब्र से मैंने सजा लिया।
क्योंकि ज़िंदगी खुदा की दी हुई एक अमानत है,
और हर सुबह, हर शाम, हर साँस के साथ,
मैं इसे पूरे अदब से सलाम करता हूँ।

32. दर्पण और अर्पण

तेरी आँखों का दर्पण जब मुझे देखता है,
तो मेरा अक्स और भी संवर जाता है।
जैसे तेरा प्यार मेरी हर कमी को छुपा लेता हो,
जैसे तूने मुझे खुद से भी ज्यादा चाहा हो।
मोहब्बत का असली मतलब तब समझ आया,
जब मैंने खुद को तुझमें अर्पण कर दिया।
ना कोई शर्त, ना कोई सवाल,
बस तेरा नाम दिल पर लिख दिया।
दर्पण में दिखने वाला अक्स तो मिट जाएगा,
पर जो दिल में उतरा है, वो अमर हो जाएगा।
तेरी हर खुशी मेरी मंज़िल बन जाए,
तेरा हर ग़म मेरी तक़दीर कहलाए।
मैंने खुद को तुझमें अर्पण कर दिया,
अब मेरा कुछ भी मेरा नहीं।
तेरा नाम ही मेरी पहचान है,
तेरी याद ही मेरा जीवन है।
दर्पण में अगर तेरा अक्स न दिखे,
तो मेरी रूह अधूरी लगती है।
और जब मैंने खुद को तुझमें अर्पण कर दिया,
तो मेरी ज़िन्दगी पूरी लगती है।

33. सुलगती और लकीर

दिल के किसी कोने में एक सुलगती सी आग है,
जो तेरी यादों के संग हर रोज जलती है।
ना पूरी तरह बुझती है, ना ही शोलों में ढलती है,
बस धुआँ बनकर रूह में घुलती जाती है।
तेरे इश्क़ की लकीर मेरे हाथों में नहीं,
पर फिर भी तक़दीर की तरह मेरे दिल पर लिखी है।
मिटाने की कोशिश भी की कई बार,
मगर हर बार और गहरी होती गई।
ये सुलगती तड़प कभी आह बनकर निकलती है,
तो कभी किसी गीत में लफ्ज़ बनकर ढलती है।
पर ये लकीर भी कैसी अजीब है,
जो दर्द भी देती है और उससे जोड़कर रखती भी है।
कभी सोचा था कि मोहब्बत सिर्फ गुलाबों जैसी होगी,
पर ये तो चिंगारी बनकर जलाने लगी।
कभी सोचा था तक़दीर अपनी होगी,
पर ये लकीरें सिर्फ तेरा नाम लिखती गईं।
अब इस सुलगती आग से दोस्ती कर ली है,
और इन लकीरों को तक़दीर मान लिया है।
इश्क़ जब हद से गुजर जाता है,
तो जलना भी इबादत बन जाता है।

34. मंज़िल और बदनाम

इश्क़ की मंज़िल आसान नहीं होती,
हर कदम पर कसौटियाँ, हर मोड़ पर इम्तिहान होते हैं।
कभी ख़्वाब टूटते हैं, कभी हौसले बिखर जाते हैं,
पर जो सच्चा हो, वो हर दर्द सहकर भी आगे बढ़ जाते हैं।
मोहब्बत जब हद से गुज़र जाती है,
तो दुनिया उसे बदनाम कर देती है।
कभी नाम जोड़कर, कभी इल्ज़ाम देकर,
कभी मोहब्बत की पाकीज़गी पर सवाल उठाकर।
मुझे परवाह नहीं कि दुनिया क्या कहती है,
मेरी मंज़िल सिर्फ तेरा नाम है।
चाहे रास्ते में हजार दीवारें खड़ी कर दें,
या मोहब्बत को ज़ुर्म बना दें।
अगर इश्क़ बदनाम है, तो यही मेरी पहचान है,
अगर वफ़ा का कोई मोल नहीं, तो यही मेरा अभिमान है।
मैं दुनिया की सोच से डरकर पीछे नहीं हटूँगा,
क्योंकि मेरी मंज़िल सिर्फ तेरा साथ है।
जो मोहब्बत को बदनाम कहते हैं,
वो इसके सच्चे रंग को समझ ही नहीं सकते।
इश्क़ हर बार मुकम्मल नहीं होता,
पर जो निभा जाए, वही सच्चा आशिक़ होता है।

35. बादल और काजल

तेरी आँखों का काजल ज़ब फैलता है,
तो लगता है जैसे कोई कहानी अधूरी रह गई हो।
तेरी पलकों की कोरों से लुड़कती वो बूँदें,
मेरी रूह तक उतरकर सैलाब बन जाती हैं।
आसमान का बादल भी कुछ ऐसा ही है,
जो बरसता है तो सुकून देता है,
पर जब घिरकर ठहर जाता है,
तो बेचैनी की आंधी बन जाता है।
तेरी आँखों का काजल मेरी मोहब्बत का गवाह है,
जो हर मुलाकात के बाद थोड़ा और गहरा हो जाता है।
तेरी हँसी में छिपा वो हल्का सा धुंआ,
मेरे दिल की तपिश को और भी बढ़ा देता है।
और ये बादल, जो हर शाम तेरा अक्स लेकर आता है,
मेरे तन्हा दिल पर तेरी यादों की बारिश कर जाता है।
कभी घनघोर घटाओं में तेरी जुल्फों का साया दिखता है,
कभी टपकती बूँदों में तेरी पलकों की नमी महसूस होती है।
बादल गरजे या बरसे, उसे फर्क नहीं पड़ता,
मगर मेरा दिल हर बूँद में तेरा नाम पढ़ता है।
और काजल फैले या बहे, इससे भी क्या होता है,
जब तक मेरी मोहब्बत का रंग उसमें जिंदा रहता है।

36. बदन और शबनम

तेरे बदन की खुशबू जब हवाओं में घुलती है,
तो लगता है जैसे चाँदनी भी तुझसे ही महकती है।
तेरी हर छुअन किसी सरगम की तरह,
जो रूह तक उतरकर गीत बन जाती है।
सुबह की ठंडी शबनम की तरह,
तेरी सांसें मेरे सीने पर गिरती हैं।
धीरे-धीरे, नर्म-गर्म एहसासों में,
हर अहसास को एक नया नाम देती हैं।
तेरा बदन उस बारिश की तरह है,
जो तपते रेगिस्तान में पहली बूंद गिरने जैसा लगे।
तेरी हल्की छुअन उस सर्द हवा की तरह,
जो सूखे पत्तों को फिर से हरियाली का अहसास दे।
और मैं उस शबनम की तरह हूँ,
जो तेरा अक्स अपने अंदर समेट लेना चाहता है।
पर तक़दीर की धूप जब तेज़ हो जाए,
तो ये नाज़ुक बूँदें पिघलकर खो जाती हैं।
इश्क़ भी कुछ ऐसा ही तो होता है,
कभी बदन की हसरत, कभी शबनम की मासूमियत।
कभी जलने की तड़प, कभी भीगने का सुकून,
कभी सुलगता आग, तो कभी ठंडी चाँदनी की तरह।

37. आग और रात

रात जब गहराती है,
तो तेरी यादों की आग सुलगने लगती है।
हर लम्हा कोई चिंगारी बनकर गिरता है,
और दिल की वीरानियों को जला जाता है।
कहते हैं रात सुकून लाती है,
पर मेरे लिए ये तेरी जुदाई का पैगाम है।
ये चाँदनी भी बुझी-बुझी सी लगती है,
जैसे इसमें भी मेरी तरह तन्हाई की तपिश हो।
तेरी हँसी की नरम आंच में जो आग थी,
वो अब धधकती है मेरी तन्हा साँसों में।
तेरी आँखों की गहराई में जो रात थी,
वो अब मेरी बेचैनी की साथी बन गई है।
कभी-कभी सोचता हूँ,
काश ये आग बुझ जाए,
काश ये रात ढल जाए,
पर मोहब्बत वो सूरज है,
जो हर शाम जलता है, हर सुबह राख से उठता है।
इश्क़ की रात लंबी होती है,
और इसकी आग कभी नहीं बुझती,
ये जलाती भी है, रोशनी भी देती है,
और हर दिन नया सवाल छोड़ जाती है।

38. सवाल और जवाब

तेरी आँखों में छुपे सवाल अब भी वैसे ही हैं,
जैसे पहली बार मिले थे हम,
जैसे कोई गूंजती खामोशी,
जो लफ्ज़ों से ज्यादा बोलती हो।
मैंने हर बार तेरी निगाहों में पढ़ने की कोशिश की,
पर मोहब्बत के इम्तिहानों में
कभी सही जवाब नहीं दे पाया।
शायद इश्क़ की कोई किताब नहीं होती,
शायद इसका हर पन्ना खुद लिखना पड़ता है।
कभी तूने पूछा "क्या मेरी याद आती है?"
मैं हंसकर टाल गया,
पर दिल जानता था कि
तेरा नाम ही मेरी हर धड़कन का जवाब था।
कभी तूने कहा "अगर दूर चला जाऊं तो?"
मैंने मज़ाक में कह दिया "कोई फर्क नहीं पड़ेगा।"
पर जब तू गया,
तो हर सांस ने तेरा सवाल दोहराया,
और मेरे पास कोई जवाब नहीं था।
इश्क़ में कुछ सवाल हमेशा अधूरे रह जाते हैं,
और कुछ जवाब कभी नहीं मिलते।
पर फिर भी, हर आशिक़ यही चाहता है कि
उसकी मोहब्बत ही उसकी आखिरी पहचान बन जाए।

39. रंजिशें और जिस्म

तेरी मोहब्बत में जो रंजिशें थीं,
वो आज भी दिल की दीवारों पर लटकी हैं।
कभी दर्द की शक्ल में, कभी शिकायत की तरह,
कभी अधूरी दुआ, तो कभी बेनाम हसरत की तरह।
इश्क़ ने जिस्म से रूह तक सफर किया था,
पर तूने इसे बस जिस्म तक ही समझा।
मैंने चाहा था तेरा साथ उम्रभर,
और तुझे सिर्फ रातों का सहारा चाहिए था।
तेरी बेरुख़ी की रंजिशें भी हसीन थीं,
क्योंकि उनमें भी तेरा एहसास था।
पर जिस्म का रिश्ता कभी मुकम्मल नहीं होता,
जब तक रूह की मोहब्बत शामिल न हो।
मैंने तुझे हर तरह चाहा,
तेरी हँसी से लेकर तेरे ग़म तक,
तेरी छुअन से लेकर तेरी ख़ामोशी तक,
पर तूने बस मेरे जिस्म को जाना,
मेरी रूह का हाल कभी न पूछा।
इश्क़ अगर सिर्फ जिस्म का खेल होता,
तो शायद ये रंजिशें न होतीं,
मगर जब दिल टूटता है,
तो एहसास भी बिखर जाते हैं।
अब तेरा नाम लूँ तो हलचल होती है,
दिल में एक चिंगारी सी जलती है,

ये इश्क़ है या कोई सज़ा,
अब ना जिस्म कुछ कहता है, ना रंजिशें मिटती हैं।

40. प्यासी और जवानी

तेरी आँखों में जो प्यास है,
वो समंदर से भी गहरी लगती है।
हर लफ्ज़ तेरा जैसे कोई मयख़ाना हो,
हर छुअन किसी शराबी शाम जैसी लगती है।
प्यासी साँसों की तड़प जब हद से गुजर जाती है,
तो मोहब्बत भी इबादत बन जाती है।
तेरी चाहत का नशा कुछ ऐसा है,
कि हर रात एक अधूरी आरज़ू छोड़ जाती है।
जवानी का ये मौसम भी अजीब है,
हर अहसास में एक शोला जलता है।
नज़रों से गिरती चिंगारियाँ,
जिस्म को नहीं, रूह को भी जलाने लगती हैं।
मगर इश्क़ सिर्फ प्यासी ख्वाहिशों का नाम नहीं,
ये तो उन अनकही बातों की हलचल भी है,
जो लफ़्ज़ों में उतर नहीं पातीं,
जो धड़कनों में बसी रहती हैं।
तेरी जवानी की आग में खुद को जलाना चाहता हूँ,
तेरी प्यास का जवाब अपनी मोहब्बत से देना चाहता हूँ।
पर ये मोहब्बत भी तो इक साज़िश है,
जो जितना पास लाए, उतना ही दूर कर दे।
तो आ, आज इस प्यासी रात में,
इश्क़ की जवानी को एक नाम दे दें,
या तो इसे अमर कर दें किसी अधूरे वादे की तरह,

या इस आग में खुद को पूरा जला दें।

41. शराबी और सराब

तेरी आँखों का जाम जब छलकता है,
तो मैं खुद को शराबी समझ बैठता हूँ।
तेरी हर हँसी जैसे किसी महफ़िल की साज़िश हो,
जो धीरे-धीरे मेरी रगों में उतर जाती है।
मैंने मोहब्बत को सच माना था,
पर ये तो एक सराब निकला
दिखता बहुत करीब था,
मगर छूते ही बिखर गया।
शराबी रातें अब तेरा नाम पुकारती हैं,
पर जवाब में बस खामोशी मिलती है।
तेरी यादें कड़वे घूँट की तरह हैं,
जिन्हें पीकर भी सुकून नहीं मिलता।
इश्क़ भी अजीब खेल है,
कभी किसी की आँखों में मय बनकर बहता है,
तो कभी किसी के लिए सिर्फ एक सराब होता है,
जो पास आकर भी कभी अपना नहीं होता।
अब ना मैं शराबी हूँ, ना ही कोई वहम रखता हूँ,
तेरी मोहब्बत के सराब से बाहर आ चुका हूँ।
पर सच तो ये है कि जो एक बार डूब जाए,
वो पूरी उम्र प्यासा ही रह जाता है।

42. पुकारना और पुचकारना

मैंने तुझे हर रात पुकारा,
तेरी यादों के साए में खुद को समेटा।
हर चीख़ एक साज़ बनकर गूंजती रही,
पर तेरा जवाब सन्नाटे से ज्यादा कुछ न था।
तेरी मोहब्बत के इस वीराने में,
मेरी पुकारें कब तक गूंजती रहेंगी?
कब तक ये हवाएँ मेरा नाम लेकर तुझ तक जाएँगी,
और कब तक तू अनसुना करके आगे बढ़ जाएगी?
पर जब तू पास होती है,
तेरी हल्की सी पुचकार भी मरहम बन जाती है।
तेरा नाम मेरे लबों पर जैसे दुआ बन जाए,
तेरी छुअन मेरी हर तड़प को मिटा जाए।
पुकारना मेरी मोहब्बत थी,
पर पुचकारना तेरी आदत न बन सका।
मैंने तुझे अपना इश्क़ माना,
पर तूने मुझे बस एक लम्हा समझा।
अब ना मैं तुझे पुकारूँगा,
ना तेरी झूठी पुचकार पर यकीन करूँगा।
इश्क़ को अगर आवाज़ देनी पड़े,
तो शायद वो इश्क़ अधूरा ही रह जाए।

43. रंगीनी और जवानी

तेरी जवानी का हर मौसम सुर्ख़ गुलाब सा,
तेरी हँसी में बहारों की खुशबू बहती है।
तेरी चाल में कोई मदहोश करने वाली कशिश,
जैसे इश्क़ खुद तुझमें रंग बनकर ढलता है।
ये रंगीनी जो तेरे चारों ओर फैली है,
वो तेरी निगाहों का जादू है या मेरी दीवानगी?
हर शाम किसी नई ख़्वाहिश का अक्स दिखाती है,
हर रात किसी नई आरज़ू को सुलगाती है।
जवानी भी क्या अजीब शय है,
कभी शोला, कभी शबनम लगती है।
इश्क़ में भीगे लम्हे जब छूते हैं,
तो हर अहसास में सरूर सा भर जाता है।
पर ये रंगीनियां कब तक रहेंगी?
जवानी भी तो एक दिन ढल ही जाएगी।
पर जो इश्क़ सच्चा हो, वो उम्र का मोहताज नहीं होता,
वो तो हर उम्र में नया गुल खिलाता है।
तो आ, इस रंगीनी को अमर कर दें,
इश्क़ के हर रंग को आत्मा तक उतार लें,
क्योंकि जवानी तो गुज़र जाएगी,
पर मोहब्बत का रंग कभी नहीं उतरता।

44. प्याल और ग़ज़ल

तेरी आँखों का प्याल जब छलकता है,
तो लगता है जैसे चाँदनी भी मदहोश हो जाए।
हर घूँट में तेरी मोहब्बत घुली है,
हर सांस में कोई नया ख्वाब जाग जाए।
तेरी बातें किसी ग़ज़ल की तरह,
धीरे-धीरे दिल में उतरती हैं।
हर लफ्ज़ में एक मीठी तड़प,
हर लय में मोहब्बत की नमी झलकती है।
मैंने तेरी महफ़िल में बैठकर,
तेरी निगाहों से जाम पिया है।
कभी होंठों से प्याल लिया,
तो कभी तेरी बातों की ग़ज़ल से नशा किया।
इश्क़ भी तो एक ग़ज़ल की तरह है,
हर शेर में कोई नया अहसास लिए।
और तेरा इश्क़ उस प्याल की तरह,
जो जितना पिया, उतनी ही प्यास बढ़ी।
तो आ, आज फिर उस प्याल से मोहब्बत करें,
तेरी ग़ज़ल के हर हर्फ़ को जी लें,
कि नशा चाहे इश्क़ का हो या शराब का,
जब चढ़ता है, तो होश गुम कर ही देता है।

45. जवानी और प्यासी

तेरी जवानी में वो मासूमियत थी,
जो हर ख्वाब को हकीकत सा बनाती थी।
तेरे चेहरे की मुस्कान में एक जलवा था,
जो हर लम्हा मेरे दिल की धड़कन बढ़ाता था।
लेकिन ये प्यास क्या थी, जो कभी बुझी नहीं,
तेरे हर क़दम से मेरे दिल में उबाल सा था।
चाहे दूर हो, चाहे पास, वो ख्वाहिशें बनी रहती थीं,
तेरी मौजूदगी ही मेरी तलब को पूरा करती थी।
जवानी का रंग था नूर से भरा,
तेरी आँखों में हर हसरत और आरज़ू बसी थी।
लेकिन वो प्यास, जो हर घड़ी तुझे तलाशती थी,
वो कभी खत्म नहीं होती, वो कभी शांत नहीं होती।
कभी तेरी यादों में बसा था वो दिन,
जब हम साथ थे और दुनिया से अनजान थे।
अब उस जवानी के बीच वो प्यास बेमिट होती है,
तू जितना पास था, उतना दूर भी लगता है।
तो आ, इस प्यास को अब एक नाम दे दे,
इस जवानी को फिर से सजाने दे,
कि जब तक तेरी यादें और मेरी चाहतें हैं,
यह प्यास कभी खत्म नहीं होती।

46. ज़ुल्फ़ें और अदाएँ

तेरी ज़ुल्फ़ें जब हवा से बातें करती हैं,
तो लगता है जैसे रात भी इनकी दीवानी हो।
कभी बादलों की तरह बिखर जाए,
कभी घटाओं की तरह सिमट जाए।
तेरी अदाएँ भी क्या कमाल करती हैं,
एक झलक से दिलों में हलचल मचा देती हैं।
तेरा मुस्कुराकर पलकों को झुका लेना,
जैसे कोई जादू हर सांस में घुल गया हो।
कभी ज़ुल्फ़ें चेहरे पर गिराकर शर्माती है,
कभी इन्हें लहराकर शोख़ी दिखाती है।
तेरी हर अदा मोहब्बत की शायरी है,
जिसे हर आशिक़ बेख़ुदी में गुनगुनाता है।
मैंने तेरी ज़ुल्फ़ों की छाँव में सुकून पाया है,
तेरी अदाओं में खुद को भुलाया है।
इश्क़ गर कोई आग है,
तो तू उसकी चमकती लौ है।
तो आ, इन ज़ुल्फ़ों में उलझ जाने दे,
तेरी अदाओं में बहक जाने दे,
कि मोहब्बत का नशा जब चढ़ता है,
तो दुनिया भी फीकी लगने लगती है।

47. चमकती और खनकती

तेरी आँखों की चमक किसी जुगनू सी लगती है,
अंधेरी रातों में भी रोशनी कर जाए।
हर नजर में छुपी कोई नई कहानी,
हर पल किसी ख्वाब की गवाही दे जाए।
तेरी हँसी की खनक किसी पायल जैसी,
जो खामोशियों में भी संगीत जगा दे।
कभी बारिश की बूँदों की तरह गिरती,
कभी हवाओं में घुलकर दिल बहला दे।
तेरी बातों की चमक जब लफ़्ज़ों में उतरती है,
तो जैसे रात की तन्हाई में चाँद उतर आया हो।
और जब तेरा गुस्सा भी खनक उठता है,
तो जैसे सन्नाटे में कोई घुंघरू बज उठा हो।
इश्क़ में तेरी चमकती यादें साथ रहती हैं,
तेरी खनकती बातें हर रोज़ दिल को छू जाती हैं।
कभी ठहर जाती हैं पलकों पर ओस की तरह,
कभी टूटकर बिखर जाती हैं काँच की तरह।
तो आ, इस चमक को अपने चेहरे पर रहने दे,
इस खनक को मेरे सीने में बजने दे,
कि मोहब्बत का हर सुर अधूरा है,
जब तक उसमें तेरी हँसी की खनक न हो।

48. पहरे और जज़्बात

दिल पर लगाए थे जो पहरे,
वो तेरी एक मुस्कान से टूट गए।
जो जज़्बात बरसों से सोए थे,
तेरी एक झलक पर जाग उठे।
मैंने चाहा था खुद को संभालना,
मोहब्बत से दूर रहना,
पर इश्क़ के रास्ते पर कोई पहरा नहीं होता,
जो दिल से चला हो, उसे कौन रोक सकता है?
तेरी यादों ने हर दरवाज़ा खटखटाया,
हर बंद दर पर दस्तक दी,
पर जज़्बातों पर बंदिशें नहीं चलतीं,
वो तो बहते हैं बेख़ौफ़, बेपरवाह।
कभी खामोशियों के पहरे लगा दिए,
कभी अश्कों को कैद कर लिया,
पर जब नाम तेरा आया लबों पर,
तो दिल ने हर हद तोड़ दी।
तो आ, इन पहरों को अब हटा दें,
इन जज़्बातों को खुलकर बहने दें,
क्योंकि इश्क़ जब मुकम्मल होता है,
तो किसी बंदिश का मोहताज नहीं होता।

49. ख़्वाब और अधूरा

रात की आँखों में जब भी कोई ख़्वाब उतरता है,
वो तेरा ही चेहरा लेकर आता है।
तेरी हँसी की हल्की सी परछाईं,
मेरी तन्हाइयों को सहला जाती है।
मैंने मोहब्बत को तक़दीर समझा था,
पर ये भी किसी अधूरे अफ़साने सी निकली।
जिसे जितना चाहा, उतना दूर होता गया,
जो जितना मिला, उतना ही कम लगता गया।
तेरे बिना हर ख़्वाब अधूरा है,
हर सुबह किसी बेनाम दर्द में घुली लगती है।
तेरी बातें किताबों में रह गईं,
तेरी यादें बंद लिफ़ाफ़े की तरह सीने में दबी रहीं।
अगर इश्क़ मुकम्मल होना ज़रूरी होता,
तो अधूरी मोहब्बतें इतनी ख़ूबसूरत क्यों होतीं?
शायद अधूरापन ही इश्क़ की आखिरी मंज़िल है,
जहाँ हर चाहत एक दुआ बन जाती है।
तो आ, इन ख़्वाबों को आँखों में रहने दें,
इस अधूरे इश्क़ को सांसों में बहने दें,
क्योंकि कुछ कहानियाँ मुकम्मल नहीं होतीं,
पर उनकी ख़ूबसूरती कभी कम नहीं होती।

50. आँखें और काजल

तेरी आँखें जब मुझ पर ठहरती हैं,
तो जैसे कायनात भी थम जाती है।
उनकी गहराई में डूब जाऊं तो लगे,
जैसे हर राज़ अब खुलने लगा है।
तेरी आँखों का काजल भी अजीब जादू है,
कभी सादगी से महकता है,
तो कभी शरारत से बहकता है।
कभी दर्द की लकीर सा लगता है,
तो कभी मोहब्बत की तस्वीर सा लगता है।
रात जब करवट बदलती है,
तेरी यादों का काजल भी बहने लगता है।
तेरी पलकों की कोर से ढलकर,
मेरे ख्वाबों में स्याही बन जाता है।
आँखें अगर दिल का आईना होती हैं,
तो तेरा काजल उसकी अधूरी दास्तां है।
जो कहा नहीं, वो इसमें दिखता है,
जो सुना नहीं, वो इसमें बसता है।
तो आ, इन आँखों में बस एक बार झांकने दे,
तेरे काजल की इस नमी को महसूस करने दे,
कि मोहब्बत जब सच्ची होती है,
तो हर अश्क भी एक इबादत बन जाता है।

51. हाल और छल

मेरे दिल का हाल पूछने वाले,
क्या तुझे मेरी खामोशियों की जुबान समझ आती है?
तेरी यादों की परछाईं अब भी बाकी है,
पर तू शायद किसी और शाम की मुसाफिर बन चुकी है।
तेरी मोहब्बत थी या कोई छल,
जो जितना करीब आया, उतना ही दर्द दे गया?
तेरी बातें कभी मरहम बनीं,
तो कभी जख्मों की पहचान दे गईं।
मैंने हर लफ़्ज़ को सच्चा माना,
तेरी हर कसम को दिल से निभाया,
पर इश्क़ के इस बाज़ार में,
मोहब्बत भी अब छल की तरह बिकती है।
तेरी हँसी में भी एक सौदा था,
तेरी वफाओं में भी कोई पर्दा था,
मेरा हाल अब भी बिखरा हुआ है,
और तेरा छल अब भी ज़िंदा है।
तो आ, एक आखिरी बार सच बोल दे,
मेरे हाल पर एक नजर फेर दे,
या तो मेरी यादों से खुद को मिटा दे,
या फिर इस छल को मोहब्बत का नाम दे।

52. ख़ामोशी और रवानी

तेरी ख़ामोशी भी एक आवाज़ लगती है,
जो हर पल मेरे दिल में गूंजती रहती है।
बोलने को लफ्ज़ बहुत हैं,
पर शायद मोहब्बत को शब्दों की ज़रूरत नहीं होती।
तेरी हर सांस में एक रवानी बहती है,
जैसे दरिया अपने किनारों से बातें करता हो।
तेरी नजरों की गहराई में डूब जाऊं,
तो लगे जैसे कोई बेनाम दास्तान लहरों में सिमटी हो।
ख़ामोशी कभी सुकून देती है,
तो कभी सवाल बनकर कचोटती है।
और तेरी रवानी,
हर बहते अहसास की जुबान बन जाती है।
कभी तन्हाइयों में तेरी यादें गूंजती हैं,
तो कभी मेरी ख़ामोश दुआओं में तेरा नाम आता है।
तेरी मोहब्बत की ये अदा भी अजीब है,
कभी लफ्ज़ों में छलकती है,
तो कभी ख़ामोशी में भी बोलती है।
तो आ, इस ख़ामोशी को आज सुना जाए,
तेरी रवानी में खुद को बहा दिया जाए,
कि इश्क़ अगर बहता रहे,
तो कभी खत्म नहीं होता।

53. तारा और प्यारा

रात के अंधेरे में जो तारा टिमटिमाता है,
वो मुझे तेरी यादों का दीप सा लगता है।
दूर होकर भी करीब लगता है,
बिखरी रोशनी में भी जादू सा लगता है।
तेरी बातें किसी प्यारे नग़मे की तरह,
जो हर लम्हा दिल को सुकून देती हैं।
तेरी हँसी का हर सुर मीठा सा लगता है,
जैसे चाँदनी में कोई प्रेम गीत बहता है।
तारे और इश्क़ में एक समानता है,
दोनों दूर रहकर भी उजाला करते हैं।
जैसे आसमान के सीने में वो जड़े रहते हैं,
वैसे ही तू मेरी धड़कनों में बसी रहती है।
तेरा प्यार किसी तारे सा चमकता है,
कभी हल्की रोशनी, तो कभी जलता सूरज बनता है।
पर हर हाल में, हर रात में,
वो मेरा सबसे प्यारा सपना बन जाता है।
तो आ, इस तारे के नीचे एक वादा करें,
तेरे इस प्यारे अहसास को अमर करें,
क्योंकि तारे भले ही टूट जाएं,
पर उनका नूर कभी नहीं मिटता।

54. समर्पण और नमर्पण

समर्पण जब सच्चा हो,
तो इश्क़ इबादत बन जाता है।
हर लफ्ज़, हर सांस, हर धड़कन,
बस उसी के नाम की माला जपने लगती है।
मैंने तुझमें खुद को इस तरह खो दिया,
जैसे कोई दरिया समंदर से मिलकर अपनी पहचान मिटा दे।
कोई चाह नहीं, कोई शर्त नहीं,
बस तेरा होना ही मेरी पूरी कायनात बन जाए।
पर नमर्पण भी तो इश्क़ का ही एक रंग है,
जहाँ दिल चाहता है पर ज़ुबां खामोश रहती है।
जहाँ मोहब्बत की लौ जलती तो है,
मगर कोई उसे हवा देने की हिम्मत नहीं करता।
समर्पण उस इश्क़ का नाम है,
जो हर दर्द को भी खुशी समझकर अपनाता है।
नमर्पण उस मोहब्बत का अक्स है,
जो चाहकर भी अपनी चाहत को जाहिर नहीं कर पाता।
मैं तुझमें समर्पित होना चाहता हूँ,
पर मेरी तक़दीर मुझे नमर्पित बना देती है।
तेरी राहों में बिछ जाने की ख्वाहिश है,
पर मेरे कदम रुकने को मजबूर हैं।
इश्क़ का असली सौंदर्य इसी में है,
कभी समर्पण बनकर जिया जाता है,

तो कभी नमर्पण बनकर सहा जाता है।

55. सहारा और तुम

जब ज़िंदगी के रास्ते उलझ से जाते हैं,
तब एक सहारा ही तो दिल को संभालता है।
टूटे हुए ख्वाबों की वीरानी में,
तेरी मौजूदगी किसी दुआ सी लगती है।
तू मेरा सहारा, तू मेरा हौसला,
तेरे बिना अधूरी है ये हर मंज़िल।
तेरी आवाज़ से रौशन होती हैं राहें,
तेरी मुस्कान से खिल उठती है ये धड़कन।
अगर इश्क़ का कोई दूसरा नाम होता,
तो वो सिर्फ़ तुम होते।
हर दर्द को सहलाने वाला,
हर आँसू को चुराने वाला बस तुम होते।
मुझे किसी और आसमान की तलाश नहीं,
जब मेरे सिर पर तेरा सहारा है।
कोई और नाम क्या पुकारूं मैं,
जब मेरी हर पुकार का जवाब तुम हो।
तो आ, इस सहारे को कभी बिखरने न दें,
इस मोहब्बत को कभी खोने न दें,
कि जब तक तुम मेरे साथ हो,
हर मुश्किल भी आसान लगती है।

56. पुकारूं और दुलारूं

जब तन्हाइयाँ मुझे घेर लेती हैं,
तो बस तेरा नाम पुकारूं।
हर लम्हा जो तेरी यादों में ढलता है,
मैं उसे अपनी धड़कन में उतारूं।
तेरी हँसी का जादू,
तेरी बातों की मिठास,
मैं हर ख़्वाब में तुझे दुलारूं,
तेरी चाहत को दिल में सँवारूं।
हवा में तेरी ख़ुशबू घुली रहती है,
मैं बेख़ुदी में तुझे पुकारूं।
तेरी तस्वीर जब भी धुंधली लगे,
आँखों के काजल से उसे संवारूं।
ये मोहब्बत है या कोई इबादत,
हर दुआ में बस तेरा नाम लूं।
तू जो पास रहे, तो ज़िंदगी गुलजार,
हर लम्हा तुझमें ही दुलारूं।
तो आ, एक बार मेरी पुकार सुन ले,
मेरी बाहों में सिमटकर सारा प्यार चुन ले,
कि जब इश्क़ सच्चा होता है,
तो हर दर्द भी दुलार बन जाता है।

57. तन्हाइयाँ और धड़कन

जब रात की तन्हाइयाँ घिरने लगती हैं,
तेरी यादें किसी साए सी चलने लगती हैं।
हर ख़ामोशी में तेरा नाम गूंजता है,
हर सर्द हवा में तेरा एहसास बहता है।
दिल की धड़कन भी अजीब है,
तेरी गैरमौजूदगी में भी तेरा सुर गुनगुनाती है।
जैसे किसी ग़ज़ल का अधूरा शेर,
जो अधूरा होकर भी मुकम्मल सा लगता है।
तन्हाइयाँ मुझे तेरा सहारा बनाती हैं,
हर दर्द को तेरी यादों से जोड़ जाती हैं।
मैं चाहूं भी तो तुझसे दूर कैसे हो जाऊं,
जब मेरी हर धड़कन तेरा नाम पुकारती है।
अगर इश्क़ को कोई शक्ल दी जाए,
तो वो शायद इन तन्हाइयों का रंग होगा।
अगर चाहत को कोई आवाज़ मिले,
तो वो मेरी धड़कनों की साज़ होगी।
तो आ, इन तन्हाइयों को रोशनी में बदल दें,
इन धड़कनों को एक नई जुबान दे दें,
कि इश्क़ जब मुकम्मल होता है,
तो कोई लम्हा भी तन्हा नहीं होता।

58. इश्क़ और मुकम्मल

इश्क़ जब भी हुआ, बेइंतहा हुआ,
हर धड़कन में एक नया सुर उठा।
चाहा था बस तुझे अपनी दुनिया बनाना,
पर इश्क़ ने हमें ही नया बना डाला।
तेरी हँसी से रोशन हुआ ये जहाँ,
तेरी आँखों में बसी मेरी दास्तां।
सोचा था इश्क़ होगा कोई ख़ूबसूरत सफर,
पर इसमें हर मोड़ था एक इम्तिहान।
इश्क़ की राहें आसान कहाँ,
कभी दर्द, कभी खुशियों की उड़ान।
कभी तेरा साथ, तो कभी तेरा इंतज़ार,
फिर भी दिल ने तुझसे किया प्यार।
सोचा था, जब तुझे पा लेंगे,
तो इश्क़ मुकम्मल हो जाएगा।
पर जाना, इश्क़ मुकम्मल होने की मंज़िल नहीं,
ये तो बस एक बेखुदी का सफर है।
अगर तेरा नाम मेरी आखिरी सांस तक रहे,
तो शायद तभी इश्क़ मुकम्मल कहलाए।
वरना, अधूरी मोहब्बतें ही सबसे खूबसूरत होती हैं,
क्योंकि वो हमेशा दिल में बसी रह जाती हैं।

59. दास्तां और इम्तिहान

इश्क़ की दास्तां जब भी लिखी,
हर लफ्ज़ में तेरा नाम शामिल था।
तेरी हँसी की रोशनी में ग़ज़ल लिखी,
तेरी जुदाई के आँसुओं में समंदर समेटा।
हर इम्तिहान मोहब्बत का नया रंग लाया,
कभी तेरा खामोश रहना सिखाया,
तो कभी तेरी यादों से बातें करना सिखाया।
इश्क़ आसान नहीं था,
पर तेरा होना इसे खूबसूरत बनाता रहा।
कभी सोचा था, ये दास्तां मुकम्मल होगी,
तेरी बाहों में आकर हर ग़म रुख़्सत होगा।
पर इश्क़ ने फिर एक नया इम्तिहान लिया,
तेरे बिना जीने की आदत डालने का सबक दिया।
अब भी मेरी साँसों में तेरा नाम है,
अब भी मेरी शायरी तेरी पहचान है।
इश्क़ ने सिखाया कि दास्तां अधूरी ही सही,
पर अगर सच्ची हो, तो हर इम्तिहान से गुज़र जाती है।
तो आ, इस अधूरी दास्तां को एक नयी रौशनी दें,
हर इम्तिहान को मोहब्बत की जीत बना दें,
कि इश्क़ अगर सच्चा हो,
तो दास्तां कभी ख़त्म नहीं होती।

60. खुमार और बाहें

तेरी मोहब्बत का खुमार कुछ ऐसा छाया,
कि हर सांस में बस तेरा नाम आया।
तेरी आँखों की मस्ती में जब डूबा,
तो होश भी जैसे कहीं खो गया।
तेरी बाहों में जो सिमटा,
तो लगा दुनिया थम गई।
हर दर्द जैसे पिघलने लगा,
हर रात एक नई सुबह बन गई।
ये खुमार है या कोई जादू तेरा,
जो हर लम्हा मुझे मदहोश कर जाता है?
ये बाहें हैं या कोई महफ़ूज़ आशियाना,
जहाँ हर दर्द मुस्कान बन जाता है?
तेरी बाहों में जब भी रहा,
हर ग़म से आज़ाद सा लगा।
और जब तुझसे दूर हुआ,
तो ये खुमार और गहरा हो गया।
तो आ, इस खुमार को कभी उतरने न दें,
इन बाहों को कभी छूटने न दें,
कि इश्क़ जब सच्चा होता है,
तो नशा भी अमर हो जाता है।

61. खूबसूरत और निगाहें

तेरी निगाहें जब मुझ पर ठहर जाती हैं,
तो लगता है, जैसे वक़्त ठिठक सा गया हो।
उन गहरी आँखों में जो जादू बसा है,
वो हर बार मुझे नया बना जाता है।
तेरी हर अदा खूबसूरत लगती है,
जैसे चाँदनी रात में कोई खिला गुलाब।
तेरी मुस्कान की हल्की सी लकीर,
मेरे दिल में मोहब्बत की दस्तक दे जाती है।
इन निगाहों का असर कुछ ऐसा है,
कि हर दर्द भी अब हसीन सा लगता है।
इश्क़ अगर तस्वीर होता,
तो तेरी खूबसूरती उसकी पहचान होती।
मेरा हर लफ्ज़ तेरा दीवाना है,
मेरी हर धड़कन तुझसे जुड़ी है।
क्योंकि जब भी मैं तुझे देखता हूँ,
तेरी निगाहों में बस खुद को पाता हूँ।
तो आ, इस जादू को यूं ही बहने दे,
तेरी खूबसूरत निगाहें बस मुझ पर रहने दे,
कि जब तक ये आँखें मेरा अक्स संभालें,
मेरा इश्क़ भी हर जन्म में कायम रहेगा।

62. रवि और समावत

जब रवि अपनी किरणों से धरती को छूता है,
तो हर अंधेरा खुद-ब-खुद मिट जाता है।
तेरी हँसी की तरह, जो मेरे दिल में रोशनी भर दे,
हर ग़म को अपनी गर्माहट में सुलगा दे।
समावत की तरह फैला है तेरा प्यार,
बेखुदी में भी तेरा एहसास रहता है।
हर दिशा में, हर सांस में तू बसी है,
जैसे आसमान की कोई अनदेखी हद हो।
अगर रवि मेरे दिन का उजाला है,
तो समावत मेरी रात का सुकून है।
एक तेरी रोशनी मुझे जलने से बचाए,
तो दूसरी तेरी मौजूदगी मुझे बिखरने न दे।
तो आ, इस रवि को कभी ढलने न दें,
इस समावत को कभी सिमटने न दें,
कि जब तक ये मोहब्बत कायम है,
हमारा इश्क़ भी आसमान सा बेकरां रहेगा।

63. ढलने और कायम

सूरज भी हर शाम ढलने को मजबूर होता है,
पर उसकी रोशनी का एहसास हर जगह कायम रहता है।
इश्क़ भी कुछ ऐसा ही होता है,
बदलते वक्त में भी अपनी महक छोड़ जाता है।
तेरी मोहब्बत का चाँद भी हर रात नया होता है,
कभी पूरा, कभी आधा, कभी धुंधला सा रोशन।
पर इसका नूर मेरी आँखों में कायम रहता है,
हर अंधेरी रात में भी तेरा अक्स चमकता है।
अगर ख्वाब ढलने लगे तो डर कैसा?
हर सुबह नए अरमानों के साथ उगती है।
अगर कोई रिश्ता वक़्त से कायम हो,
तो फ़ासले भी उसे मिटा नहीं सकते।
तो आ, इस मोहब्बत को कभी ढलने न दें,
इस अहसास को हमेशा कायम रहने दें,
कि इश्क़ अगर सच्चा हो,
तो वक़्त भी उसे मिटा नहीं सकता।

64. सिसकन और बेक़रारी

रात की सिसकन में तेरी यादों की आहट है,
टूटे हुए ख्वाबों की कोई हल्की सी सरगम है।
दिल की गहराइयों में छुपा है जो दर्द,
वो हर सांस के साथ धीरे-धीरे बहता है।
तेरी जुदाई ने जो जख्म दिए,
वो अब भी सीने में सुलगते हैं।
हर लफ्ज़, हर अहसास में तेरा नाम,
फिर भी ये बेक़रारी कम नहीं होती।
कभी सोचा था मोहब्बत सुकून देगी,
पर यह तो बेचैनी बनकर रह गई।
तेरे बिना हर शाम वीरान लगती है,
हर सुबह मायूस सी गुजरती है।
सिसकन मेरी चाहत की गवाह बन गई,
बेक़रारी मेरी मोहब्बत का अंजाम बन गई।
अब भी उम्मीद है कि लौट आएगा तू,
और इस दिल को फिर से आबाद कर जाएगा।
तो आ, इन सिसकनों को खुशियों में बदल दें,
इस बेक़रारी को मुकम्मल कर दें,
कि जब मोहब्बत सच्ची हो,
तो कोई दर्द भी आख़िरी नहीं होता।

65. बहकना और संग

तेरी बातें जैसे मदहोश कर देती हैं,
तेरी निगाहें हर हद से आगे ले जाती हैं।
तेरा पास होना, मेरा बहकना,
जैसे खुशबू का हवा संग बह जाना।
तेरी चाहत की शराब से जो जाम भरा,
हर घूँट में तेरा ही अहसास मिला।
दिल ने हजारों बार खुद को रोका,
पर इश्क़ में कब कोई संभल सका?
काश, ये बहकना तेरी बाहों तक पहुंचे,
काश, ये सफर कभी थमे ना, रुके ना।
तेरी नज़दीकियों का जो नशा चढ़ा,
वो हर रोज़ नया रंग दिखा रहा है।
बस तेरा संग रहे, यही आरज़ू है,
इस बहकते दिल को अब तेरा आसरा मिले।
कि जब मोहब्बत रूह से जुड़ जाए,
तो नशा भी इबादत बन जाता है।

66. मदहोशी और रात

तेरी यादों की मदहोशी जब दिल पे छा जाती है,
तो हर रात एक नए ख्वाब में ढल जाती है।
चाँद भी जैसे तेरी झलक लिए चमकता है,
हवा भी तेरा नाम लेकर बहती है।
ये रात, जो कभी सुकून देती थी,
अब तेरी कमी का एहसास कराती है।
तेरी हँसी की गूँज कहीं दूर से आती है,
और मेरा दिल फिर से तुझमें बह जाता है।
मदहोशी का आलम है कि होश नहीं,
हर लफ्ज़ में बस तेरा जादू घुला है।
ये चाहत, ये तलब, ये बेकरारी,
सब तेरी बाहों में ठहरने को मचल रही है।
तो आ, इस रात को और गहरा बना दें,
इस मदहोशी को मोहब्बत की पहचान दे दें,
कि जब तक ये रातें और ये खुमार हैं,
हमारी मोहब्बत भी अमर रहेगी।

67. अल्फ़ाज़ और जज़्बात

कुछ अल्फ़ाज़ कहने को बेकरार हैं,
पर तेरी खामोशी के आगे ठहर जाते हैं।
दिल में उठते जो जज़्बात,
वो हर बार काग़ज़ पर बिखर जाते हैं।
तेरी यादों की स्याही से लिखी थी जो बातें,
वो हर रोज़ नए रंगों में ढलती गईं।
कभी हँसी में, कभी आँसू में,
हर अहसास बस तुझसे जुड़ता गया।
ये अल्फ़ाज़ मेरी मोहब्बत का आइना हैं,
और ये जज़्बात मेरी रूह की सदा।
तेरा नाम हर शेर में बसता है,
तेरी खुशबू हर लफ्ज़ में महकती है।
तो आ, इन अल्फ़ाज़ों को मुकम्मल कर दें,
इन जज़्बातों को हक़ीक़त बना दें,
कि जब दिल से दिल का रिश्ता हो,
तो हर बात मोहब्बत बन जाती है।

68. हक़ीक़त और मुकम्मल

तेरी मोहब्बत कोई ख्वाब नहीं,
जो रात के साए में खो जाए।
ये तो हक़ीक़त की तरह मेरी रगों में बहती है,
हर सांस में धड़कन बनकर बसती है।
मैंने तुझे चाहा है उस सच्चाई से,
जहाँ वक़्त भी अपना रंग बदल देता है।
तेरी हँसी से रोशनी मिलती है,
तेरी आवाज़ से सुकून सा बहता है।
अगर इश्क़ अधूरा रह जाए तो कैसा इश्क़?
अगर मोहब्बत मुक़द्दर न बने तो कैसी चाहत?
मैं तुझे पाकर ही रहूँगा,
क्योंकि मेरा इश्क़ सिर्फ मुकम्मल होना जानता है।
तो आ, इस हक़ीक़त को नाम दे दें,
इस मोहब्बत को मुकम्मल कर दें,
कि जब दो दिलों की दुआ एक हो जाए,
तो खुदा भी साथ खड़ा नज़र आता है।

69. तेरे ख़्वाब और दर्पण

रात जब खामोशी की चादर ओढ़ती है,
तेरी यादें मेरे ख़्यालों में उतर आती हैं।
आँखें बंद करते ही जो तस्वीर उभरती है,
वो बस तेरे ख़्वाब की छवि होती है।
तेरी हँसी की हल्की सी झलक,
जैसे कोई आईना मेरी रूह में बस गया हो।
हर अहसास, हर लम्हा,
बस एक दर्पण की तरह तेरा अक्स दिखाता है।
मैं जब भी खुद को देखता हूँ,
तेरी परछाई मेरे साथ खड़ी मिलती है।
जैसे मेरी रगों में तू बह रही हो,
जैसे मेरी धड़कनों में तू गूँज रही हो।
ये ख़्वाब अगर हकीकत बन जाएं,
तो मेरी मोहब्बत को सवेरा मिल जाए।
और ये दर्पण अगर तुझे दिखा सके,
तो तुझे मेरे इश्क़ की गहराई का पता चल जाए।
तो आ, इन ख़्वाबों को सच कर दें,
इस दर्पण में बस तेरा अक्स भर दें,
कि जब मोहब्बत सच्ची हो,
तो हर आईना सिर्फ इश्क़ दिखाता है।

70. चाँदनी रात और खिड़की

जब भी चाँदनी रात अपनी बाहें फैलाती है,
तेरी यादें मेरी रूह को छूकर गुजरती हैं।
धीमी हवा जब पर्दों को हिलाती है,
दिल तुझसे मिलने को बेताब हो जाता है।
इस खिड़की से झाँकता हूँ मैं हर रात,
शायद तू भी मुझे कहीं से देख रही हो।
चाँद की सफेदी में तेरा अक्स नज़र आता है,
जैसे तेरी मुस्कान मेरी तन्हाई का सहारा बन गई हो।
तेरी ज़ुल्फ़ों की छाँव में जो सुकून था,
वो अब इस ठंडी रात में घुलने लगा है।
तेरी बातें जो हवाओं में गूँजती थीं,
वो आज भी इस खिड़की के पार से सुनाई देती हैं।
काश, ये चाँदनी रात गवाह बने हमारे प्यार की,
काश, ये खिड़की बंद न हो कभी हमारी मुलाकात की,
कि जब दिल से दिल की राह जुड़ जाती है,
तो दूरियाँ भी बेवजह लगने लगती हैं।

71. सरकना और मुस्काना

तेरी ओढ़नी का धीरे-से सरकना,
जैसे चाँद बादलों से झाँक रहा हो।
तेरी नज़रें जब झुकती हैं,
दिल में मोहब्बत का समंदर मचल उठता है।
तेरे होंठों की हल्की सी मुस्कान,
जैसे किसी वीराने में बहार आ गई हो।
एक पल को दुनिया ठहर जाती है,
जब तू हौले से नजरें मिलाती है।
तेरी हर अदा में इक जादू सा बसा है,
तेरा हर स्पर्श जैसे कोई नशा है।
ओढ़नी का यूँ सरकना,
फिर लाज से होठों का मुस्काना,
दिल को बेकाबू कर जाता है,
इश्क़ को मुकम्मल बना जाता है।
तो आ, इस लम्हे को सदियों में बदल दें,
तेरी हया और मेरी मोहब्बत को अमर कर दें,
कि जब इश्क़ साँसों में बस जाए,
तो हर छूटा पल भी लौट आता है।

72. झूठ और वादे

तेरी आँखों में जो वादे चमकते थे,
वो झूठ थे या मोहब्बत की साज़िश?
तेरे लफ्ज़ों में जो मिठास थी,
वो हकीकत थी या महज़ एक ख्वाहिश?
तूने कहा था साथ निभाएगा,
हर मोड़ पर मेरा हाथ थामेगा।
पर अब जब देखता हूँ पीछे मुड़कर,
तेरा साया भी मेरे साथ नहीं चलता।
तेरे झूठ में भी एक जादू था,
जो हर बार मुझे तुझ पर यकीन दिलाता रहा।
तेरे वादे किसी नशे से कम न थे,
जो धीरे-धीरे मुझे बेखबर बनाते रहे।
अब न वो बातें हैं, न वो मुलाकातें,
बस यादों के दरमियान एक सन्नाटा है।
तेरे झूठ और मेरे टूटे वादों के बीच,
अब बस एक अधूरी मोहब्बत का किस्सा बाकी है।
तो क्या हुआ अगर तूने निभाया नहीं,
मैं आज भी तेरे हर झूठ को सच मानता हूँ,
कि जब दिल मोहब्बत में डूब जाता है,
तो उसे टूटकर भी मुस्कुराना आ जाता है।

73. आवारा और शाम

मैं आवारा हवाओं सा भटकता रहा,
तेरी यादों की गलियों में रुकता रहा।
हर मोड़ पर तेरा नाम पुकारा,
पर तेरा साया भी कहीं खो गया।
ये शाम, जो कभी तेरे संग संवरती थी,
अब तन्हा मेरी बाँहों में सिसकती है।
डूबते सूरज के साथ मेरे अरमान भी बुझते हैं,
तेरे बिना ये रास्ते भी अजनबी लगते हैं।
मैंने चाहा था तुझे चाँदनी की तरह,
पर तू एक लहर थी, जो छूकर चली गई।
अब इस आवारा दिल को कौन समझाए,
कि हर शाम तेरा इंतेज़ार नहीं कर सकती।
तो आ, इस ख़ामोश शाम को आवाज़ दे दें,
इस आवारा मोहब्बत को ठिकाना दे दें,
कि जब दो रूहें सच में मिलती हैं,
तो वक्त भी उनके लिए ठहर जाता है।

74. चहकना और चमकना

तेरी हँसी की चहक जब गूँजती है,
तो जैसे बहारें भी खिलखिला उठती हैं।
तेरी बातें जब हवा से मिलती हैं,
तो फ़िज़ाओं में सरगम सी बज उठती हैं।
तेरी आँखों की चमक कुछ कहती है,
जैसे चाँद ने समंदर में अपना अक्स छोड़ दिया हो।
तेरी मासूमियत में जो जादू बसा है,
वो हर दिल को मोहब्बत से भर देता है।
तू चहके, तो हर रंग और गहरा हो जाए,
तू चमके, तो रात भी सोने में नहाए।
तेरी मौजूदगी से रौशन हैं ये लम्हे,
तेरे बिना ये दिल भी वीरान सा हो जाए।
तो आ, इस चहकने और चमकने को मिलाकर,
एक अधूरी मोहब्बत को मुकम्मल कर दें,
कि जब दिल में इश्क़ का सूरज उगता है,
तो हर अंधेरा भी रोशनी बन जाता है।

75. मुश्की और तिल

तेरी ज़ुल्फ़ों की मुश्की खुशबू,
जैसे रात में चाँदनी बिखर गई हो।
हवा जब उन्हें हल्का सा छू लेती है,
तो मेरी धड़कन भी महकने लगती है।
तेरी गर्दन के किनारे वो छोटा सा तिल,
जैसे आसमान पर कोई चमकता सितारा।
हर नज़र वहीं ठहर जाती है,
हर दिल वहीं खो जाता है।
तेरी अदाओं का जादू भी निराला,
तेरी हया का रंग भी मतवाला।
ज़ुल्फ़ों की मुश्की से जो मोहब्बत जगी,
वो तिल की एक झलक पर ही सँवर गई।
तो आ, इन अहसासों को लफ्ज़ों में ढालें,
इश्क़ के हर रंग को पूरा कर डालें,
कि जब दो दिलों की जुस्तजू मुकम्मल हो,
तो हर निशानी अमर हो जाती है।

76. अकेलापन और यादें

जब रात की चादर स्याह हो जाती है,
तब मेरा अकेलापन मुझसे बातें करता है।
तेरी यादें धुंधली होकर भी साफ़ लगती हैं,
जैसे कोई पुराना ख़त, जो बार-बार पढ़ा जाता है।
कभी तेरी हँसी की गूंज कानों में बसती है,
तो कभी तेरी ख़ामोशी एक साज़ बजाती है।
ये यादें अब मेरे हमसफ़र बन गई हैं,
हर लम्हा तेरा एहसास दे जाती हैं।
खिड़की से झाँकता हूँ चाँद को,
सोचता हूँ, क्या तू भी मुझे याद करती होगी?
या फिर ये सिर्फ मेरा अकेलापन है,
जो हर रात तुझ तक पहुँचने की कोशिश करता है।
काश, ये यादें तुझ तक मेरी बात पहुँचा पातीं,
काश, तेरा दिल भी मुझे पुकारता,
कि जब मोहब्बत सच्ची होती है,
तो अकेलापन भी सिर्फ नाम का रह जाता है।

77. पुकारना और जवानी

तेरी यादों की गलियों से जब भी गुज़रता हूँ,
मेरा दिल तेरा नाम पुकारता है।
हवा के हर झोंके में तेरा अहसास है,
जैसे मेरी रूह तुझसे बात करता है।
ये जवानी भी अजीब खेल खेलती है,
धड़कनों को बेकाबू कर जाती है।
तेरी एक झलक से साँसे तेज़ हो जाती हैं,
तेरी ख़ुशबू से शाम बहक जाती है।
मैं तुझे पुकारूँ और तू मुड़कर देखे,
ऐसा कोई मुकद्दर हमें भी मिल जाए।
मेरी जवानी तेरा इंतज़ार कर रही है,
तेरा नाम लेती है, तुझी को चाहती है।
तो आ, इस पुकार का जवाब दे,
इस जवानी को मुकम्मल कर दे,
कि जब इश्क़ अपने शबाब पर आता है,
तो हर फासला मिट जाता है।

78. तितलियाँ और सपना

मेरे ख्वाबों के बाग़ में हर सुबह,
तेरी यादों की तितलियाँ मंडराती हैं।
रंग-बिरंगे अहसासों की परछाइयाँ,
जैसे दिल के फूलों को सहलाती हैं।
तेरा सपना हर रात मेरी आँखों में उतरता है,
जैसे चाँदनी किसी झील में खिलती हो।
हर लम्हा तेरा अक्स बना देता है,
मुझे इस हकीकत से बेखबर कर देता है।
इन तितलियों की तरह मैं भी उड़ना चाहता हूँ,
तेरी बाहों की उस दुनिया में खोना चाहता हूँ।
तेरे सपने को हकीकत में बदलना चाहता हूँ,
तेरी मोहब्बत की छाँव में बसना चाहता हूँ।
तो आ, इस सपने को पंख दे दें,
इन तितलियों को इश्क़ का रंग दे दें,
कि जब दो दिल सच्चे होते हैं,
तो ख्वाब भी हकीकत बन जाते हैं।

79. ख़्वाब और जवाब

रात की तन्हाई में जो ख़्वाब संवरते हैं,
वो सुबह की रौशनी में बिखर क्यों जाते हैं?
तेरी यादों का चाँद हर रात चमकता है,
पर मेरी मोहब्बत को अब तक कोई जवाब क्यों नहीं मिलता?
मैंने हर दुआ में तेरा नाम रखा,
हर साँस में तेरा एहसास बसाया।
पर ये तक़दीर भी अजीब खेल खेलती है,
ख़्वाब तो देती है, पर जवाब नहीं देती है।
क्या मेरा प्यार अधूरा रह जाएगा?
क्या मेरी चाहत को कोई मंज़िल न मिलेगी?
या फिर किसी रोज़ तेरे लबों से,
मुझे मेरा इंतज़ार का जवाब मिलेगा?
तो आ, इस ख़ामोशी को आवाज़ दे,
इन ख़्वाबों को हकीकत बना दे,
कि जब दिल सच्ची मोहब्बत करता है,
तो हर सवाल का जवाब मिल ही जाता है।

80. तन्हाई और हकीकत

जब भी रात गहराती है,
दिल की तन्हाई मुझसे बातें करती है।
तेरी यादें एक साए की तरह पास आती हैं,
और फिर अचानक खो जाती हैं।
मैंने चाहा तुझे एक हसीन ख्वाब समझना,
पर हकीकत ने हर बार मेरी आँखें खोल दीं।
तेरी बेरुख़ी ने सिखाया,
कि मोहब्बत सिर्फ़ पाने का नाम नहीं।
ये तन्हाई मेरी रूह का हिस्सा बन गई,
तेरी जुदाई अब मेरी तक़दीर बन गई।
पर क्या सच में ये हकीकत है?
या बस मेरे दिल का कोई धोखा है?
तो आ, इस तन्हाई को सज़ा न बना,
इस हकीकत में थोड़ा सा प्यार मिला,
कि जब दो दिल सच्चे होते हैं,
तो फ़ासले भी मिट जाते हैं।

81. दूरियों का साया

नज़रें ढूंढ़ती हैं तुझे हर उस कोने में,
जहाँ थी कभी खुशियों की वो तोहफे।
दूरियों ने रचा है दिल में एक सूनापन,
तेरे बिना अधूरी है ये हर एक दास्तान।
तुम्हारी यादों के साये में डूबा ये मन,
जैसे बिन बादल बरसात भी हो न सके कहीं।
हर वो पल जो साथ थे हमारे कभी,
अब बस खामोशियों के गीत गाते हैं।
दिल से पूछती हैं नज़रें बार-बार,
कब लौटेगा वो, मेरा अपना यार?
विरह की पीड़ा में लिपटी ये तन्हाई,
तुम्हारे बिना हर राह है वीरान, सूनी।

82. रूह और रूह

तेरी रूह का एक कतरा,
मेरी रूह में कब समा गया,
पता ही न चला कि ये इश्क़ था,
या खुदा का कोई करिश्मा था।
तेरी साँसों की सरगम में,
मेरे दिल की धड़कन बजती रही,
तेरी आँखों की गहराइयों में,
मेरी मोहब्बत डूबती रही।
हमारे जिस्म तो इस दुनिया में हैं,
पर हमारी रूहें कहीं और मिलती हैं,
जहाँ न वक्त की बंदिशें हैं,
न तक़दीर की दीवारें खड़ी हैं।
तो आ, इस जिस्म की कैद को तोड़ दें,
अपनी रूहों को एक कर लें,
कि जब इश्क़ सच्चा होता है,
तो रूह कभी जुदा नहीं होती।

83. दोस्ती और नज़र

जब भी दिल में एक खालीपन होता है,
तू उस खाली जगह में मेरी दोस्ती बनकर आता है।
तेरी आँखों की नज़र में जो सुकून है,
वो किसी कविता से कहीं ज्यादा प्यारा लगता है।
हमारी दोस्ती में न कोई शर्त है,
न कोई उम्मीद, बस एक एहसास है।
तेरे एक शब्द में वो ताकत है,
जो मेरे दिल की हर उलझन को सुलझा देता है।
तेरी नज़र में जो प्यार है,
वो सिर्फ़ दोस्ती की ही निशानी नहीं,
बल्कि एक सच्चे रिश्ते की गहराई है,
जो वक्त के साथ और भी मजबूत होती जाती है।
हम दोनों के बीच कोई दीवार नहीं,
एक-दूसरे की नज़रों में बस समझ है,
तो आ, इस दोस्ती को और गहरा करें,
और अपनी नज़र से ये दुनिया और भी प्यारी करें।

84. दिल की बातें

जब नज़रें मिलीं तेरी मेरी,
रुके दिल की हर एक धड़कन ने जमी।
हमने छुआ उस पल को बड़े प्यार से,
जो कह ना सके शब्दों में अपनी बात से।
तेरे साथ बीती हर एक घड़ी खास,
जैसे किसी ने सजाई हो प्रेम की आस।
तेरी नज़रों में देखा मैंने अपना अक्स,
जैसे पूरा हुआ मेरा हर एक सपना और उत्स।
मिलन की उस रूहानी घड़ी में,
हर लम्हा था जैसे ईश्वर की रचना।
तुमसे जुड़ी हर एक बात, हर एक चाह,
मुझको दे गई एक नई उड़ान का पंख।

85. गहरा और सहारा

तेरी आँखों में जो गहरा सा समंदर था,
वो मेरी तन्हाई के हर दर्द को चुपके से समझता था।
हर पल तेरी रूह ने मेरी रूह को महसूस किया,
और मैंने तेरे सहारे में अपनी दुनिया पा ली।
गहरा था वो रिश्ता, जो तुमसे जुड़ा,
एक ऐसा संगम, जिसमें ख्वाब और हकीकत का मिलन हुआ।
तेरे बिना यह दिल अकेला था,
तेरी आवाज़ ने मुझे एक मंज़िल का पता दिया।
जब तू पास था, तो हर राह आसान लगती थी,
तेरी सहारे की छाँव में मेरी दुनिया उजली लगती थी।
कभी तू मेरी सांसों में था,
कभी तू मेरी रूह के एहसास में बसा था।
तो आ, इस गहरे रिश्ते को और गहरा कर दें,
तेरे सहारे को अपना जीवन बना लें,
कि जब दो दिल सच्चे होते हैं,
तो हर दर्द भी एक प्यार का हिस्सा बन जाता है।

86. पल और पल

हर पल तेरे करीब होता हूँ,
तेरी यादों के बीच मैं खो जाता हूँ।
तेरी मुस्कान में जो ताजगी है,
वो पल मेरे दिल को हर बार नयी रोशनी देती है।
हर पल में तुझे महसूस करता हूँ,
जैसे तेरे बिना ये दुनिया बेरंग है।
तेरी आवाज़ का हर लहजा,
हर पल में मुझे अपनी ओर खींचता है।
हमारी पल-पल की मुलाकातों में,
एक अनकहा सा रिश्ता छिपा है।
हम दोनों की रूहें एक-दूसरे से जुड़ी हैं,
हर पल में एक नयी कहानी बनती है।
तो आ, इन पल-पल के सफर को जी लें,
हर पल में एक-दूसरे को महसूस कर लें,
कि जब इश्क़ सच्चा होता है,
तो पल भी हमेशा के लिए अजर-अमर बन जाते हैं।

87. आमने और सामने

जब हम आमने-सामने होते हैं,
दिल में एक खामोशी सी छा जाती है।
आंखों की गहराई में जो बात होती है,
वो शब्दों से कहीं ज्यादा एहसास होती है।
तेरी नज़रें मेरी नज़रें,
जैसे दो दिलों की बेमोल क़ीमत।
हमारी आमने-सामने की मुलाकातों में,
एक सुकून होता है, जो किसी जश्न से कम नहीं।
हमें न कोई सवाल चाहिए, न कोई जवाब,
बस एक-दूसरे को समझने की चाहत काफी है।
जब आमने-सामने तुम होते हो,
तो ये पल पूरे जहाँ से प्यारे लगते हैं।
तो आ, इस एहसास को और गहरा कर दें,
हमारे आमने-सामने हर लम्हे को मुकम्मल कर दें,
कि जब दो दिल सच्चे होते हैं,
तो हर आमने-सामने की मुलाकात एक यादगार बन जाती है।

88. रबाब और सबब

तेरी रबाब जैसी आवाज़ में एक साज़ है,
जो मेरे दिल की धड़कनों को रूह तक महसूस कराती है।
तेरी हर बात में जो गहराई है,
वो सबब बन जाती है मेरे ख्वाबों का।
जब भी तुझसे दूर होता हूँ,
तेरी रबाब की धुनें मेरे कानों में गूंजने लगती हैं।
तेरी आँखों का जादू, वो मासूमियत,
वो खुदा की कोई खूबसूरत सबब है।
तेरे बिना ये जिंदगी जैसे अधूरी है,
और तेरी रबाब जैसे हर पल की आवाज़,
मेरे दिल को एक नया आकाश दिखाती है,
तेरे साथ हर सबब सुलझता चला जाता है।
तो आ, इस रबाब में खो जाने दें,
हमारे हर सबब को समझने दें,
कि जब इश्क़ दिल से जुड़ा होता है,
तो हर पल एक नई रबाब की धुन बन जाती है।

89. मुश्किल और वक्त

मुश्किल राहों में जब कदम डगमगाते हैं,
तभी वक्त की सर्द हवा हमें आगे बढ़ने की ताकत देती है।
कभी हम थककर बैठ जाते हैं,
लेकिन वक्त हमें फिर से उठने का मौका देता है।
तेरे बिना यह मुश्किल और भी बढ़ जाती,
पर तू हमेशा मेरे साथ रहा, जैसे वक्त का सहारा।
हमारी मुश्किलें अब आसान लगने लगी हैं,
क्योंकि तेरा साथ हर घड़ी एक राहत बनकर आया है।
वक्त कभी किसी के लिए नहीं रुकता,
लेकिन हमारी मोहब्बत ने उसे धीमा कर दिया है।
जब दिल मुश्किल में होता है,
तब वक्त भी अपनी चाल धीरे कर देता है।
तो आ, इस वक्त को हम दोनों साथ बिताएँ,
इन मुश्किल लम्हों को और भी खास बना दें,
कि जब इश्क़ सच्चा होता है,
तो हर मुश्किल और वक्त भी हमारे लिए आसान हो जाता है।

90. प्रेम की किरणें

तेरी किरणों में छुपी है एक कहानी,
जैसे सुबह की पहली रोशनी हो जानी।
तुम्हारे प्रेम की गर्माहट मिली मुझको,
हर ठंडी शाम में धूप का सहारा मिला।
तेरी मुस्कान की रोशनी ने मुझे जगाया,
मेरे भीतर के अंधेरों को दूर भगाया।
जैसे रवि की किरणें छूती हैं धरती को,
वैसे ही तेरा प्यार छूता है मेरी आत्मा को।
तेरे स्पर्श से खिलती हैं मेरी बहारें,
तेरे संग चलकर हर दर्द भी सहारे।
तेरे बिना मेरी दुनिया सूनी सी लगे,
तेरे साथ हर पल एक नया गीत गाये।

91. चाल और ढाल

तेरी चाल में वो बेफ़िक्री है,
जो मेरे दिल को कहीं गहरे तक छू जाती है।
जब तुम मुस्कुराते हो, तो चाल में वो रंग होता है,
जो मेरी ज़िंदगी के हर दिन को रोशन कर देता है।
तेरे कदमों की चाल जैसे कोई नज़ाकत की कहानी,
जैसे हर फिजा में सुकून हो, जैसे कोई कविता बयां हो।
और फिर जब तू पास होता है,
तेरी ढाल बन जाती है मेरी सुरक्षा, मेरी शांति।
तू मेरा ढाल बनकर सामने आता है,
जब भी ये दुनिया मुझे चुनौती देती है।
तेरी चाल और तेरी ढाल दोनों मिलकर,
मेरे दिल में एक अजीब सा सुकून भर देती हैं।
तो आ, इस चाल और ढाल के संग जी लें,
तेरी धड़कन को मेरी धड़कन बना दें,
कि जब सच्ची मोहब्बत होती है,
तो कोई चाल कभी तुझे कमजोर नहीं कर सकती।

92. पतली और कमर

तेरी पतली सी कमर में जो मोड़ है,
वो जैसे हर रेखा में एक रहस्य छुपा हो।
हर हरकत में वो दिलकश अदाएं,
जो मेरे ख्वाबों को सजीव कर देती हैं।
तेरी पतली कमर जैसे हवा का झोंका,
जिसमें हर पल एक नयापन महसूस होता है।
जब तू पास होती है, तो पूरी दुनिया थम जाती है,
तेरी चाल में वो जादू है, जो दिल को ललचाता है।
तेरी कमर के हर क़दम में वो मखमली एहसास है,
जो मेरे दिल को बेताब कर देता है।
बस तुम जब इधर-उधर घूमती हो,
मेरे दिल में तू ही तू छा जाती है।
तो आ, इस पतली कमर की सूरत को और निखार दे,
मेरे ख्वाबों में तू और भी पास आ जाए,
कि जब मोहब्बत सच्ची होती है,
तो हर अदाओं में दिल छुपा होता है।

93. अदाओं और एहसास

तेरी अदाओं में वो खुमार है,
जो मेरे दिल की धड़कनों को थाम लेता है।
जैसे तेरे हर कदम में कोई कहानी छुपी हो,
जिससे हर पल एक नई जादूई रचना बन जाती है।
जब भी तू मुस्कुराती है, तेरी अदाएँ कुछ कहती हैं,
जैसे समय ठहर जाए और बस वो लम्हा रह जाए।
तेरी आँखों में वो एहसास है,
जो शब्दों से कहीं ज्यादा गहरा है।
तेरी अदाओं में एक लहर सी उठती है,
जो मेरी रूह को छू जाती है।
तू जब पास होती है, तो वो एहसास और भी गहरा हो जाता है,
जैसे हर जज़्बात दिल से निकल कर रूह तक पहुंचता है।
तो आ, इन अदाओं में खो जाएं,
इन एहसासों को और भी खास बना दें,
कि जब इश्क़ सच्चा होता है,
तो हर अदा और एहसास एक कहानी बन जाता है।

94. नखरे और नज़रें

तेरी नखरे हैं जैसे किसी महकते फूल की पंखुड़ियाँ,
हर एक अदाज में वो ख़ास बात होती है।
तेरी नखरे न तो तुझसे दूर होने देते हैं,
न ही मुझे कभी थकने देते हैं।
तेरी नज़रें जैसे चाँद की रोशनी,
जो दिल की हर छुपी हुई चाहत को उजागर करती हैं।
एक बार जब ये नज़रें मुझ पर होती हैं,
तो सारी कायनात भी इन्हें देखकर थम सी जाती है।
जब तू मुस्कुराती है, तो तेरे नखरे और भी बढ़ जाते हैं,
लेकिन उन नज़रें में एक गहरा प्यार छुपा होता है।
कभी तू अपनी नज़रें मुझसे हटाती नहीं,
तो कभी मुझे ये महसूस होता है, कि तेरी नखरे का राज़
भी तो उनमें छुपा है।
तो आ, इस प्यार के खेल में खो जाएं,
तेरी नखरे और नज़रें हमें और भी करीब ला दें,
कि जब मोहब्बत सच्ची होती है,
तो नखरे और नज़रें खुदा की बनाई सबसे खूबसूरत रचनाएँ
बन जाती हैं।

95. मोहब्बत और चाहत

मोहब्बत और चाहत दोनों एक सी होती हैं,
जैसे आकाश और धरती, फिर भी कहीं ना कहीं अलग होती हैं।
मोहब्बत वो एहसास है, जो दिल से निकलकर रूह तक पहुंचता है,
जबकि चाहत वो दुआ है, जो हर पल तुमसे जुड़ने की ख्वाहिश बन जाती है।
मोहब्बत कभी शब्दों में नहीं बयां होती,
वो तो सिर्फ महसूस की जाती है, हर सांस, हर पल में।
चाहत में बस एक तलब होती है,
एक अजनबी सा इंतजार, कि कब तुम पास आओ।
तेरी मोहब्बत में वो गहराई है,
जो मेरी रूह को शांति देती है।
लेकिन तेरी चाहत में वो तेज़ी है,
जो मेरे दिल को और भी ज्यादा धड़काती है।
हमारे बीच की मोहब्बत को चाहत ने और भी प्यारा बना दिया,
कि जब चाहत और मोहब्बत एक हो जाती हैं,
तो दिल कभी भी सुकून नहीं पाता,
वो बस हर पल और गहराई से तुममें खो जाता है।

96. जीवन और आशा

नज़रें संग रवि की ये अमर कहानी,
हर शाम को देती है नई रवानी।
प्यार की किरणें बिखेरती हैं उजियारा,
जीवन के अंधेरे को करती हैं किनारा।
साथ चलेंगे हम अनंत राहों में,
हर मुश्किल को करेंगे पार अपने मन।
तेरे मेरे दिलों का ये अनोखा मेल,
जैसे आसमानों की ऊँचाई और जमीन का खेल।
नज़रें संग रवि का ये बंधन सच्चा,
जो न टूटे कभी, रहे हमेशा सधा।
जीवन भर साथ हमारे ये सफर चले,
प्रेम की गंगा हमेशा यूँ ही बहती रहे।

97. नूर और झलक

तेरी नूर जैसी आँखों में जो रौशनी है,
वो मेरे दिल को हर रात की अंधेरों से बाहर लाती है।
तेरी झलक में जो प्यार छुपा है,
वो किसी आशीर्वाद से कम नहीं होता है।
नूर का सा वो दिलकश असर है,
जो हर दर्द को पल में मिटा देता है।
तेरी झलक जैसी नज़रें जब मुझ पर पड़ती हैं,
तो पूरा जहाँ जैसे अपनी जगह छोड़ देता है।
तेरी नूर जैसी मुस्कान में कुछ खास बात होती है,
जो दिल को शांति और सुकून देती है।
जब तू पास होती है, तेरी झलक ही मेरी रूह को सुकून देती है,
कि मैं इन पलों में पूरी तरह से तुझमें खो जाता हूँ।
तो आ, इस नूर और झलक में हम खुद को खो लें,
इन लम्हों को और भी प्यारा बना दें,
कि जब इश्क़ सच्चा होता है,
तो हर नूर और झलक एक जादू की तरह दिल को छू जाता है।

98. गुलाबी और बदन

तेरे गुलाबी होंठों पे जो हंसी है,
वो मेरे दिल को हर रोज़ नए अरमां दे जाती है।
तेरे बदन की लहराती ख़ुशबू,
हर गली में, हर हवा में बिखर जाती है।
गुलाबी रंग जैसे सच्चे प्यार का प्रतीक हो,
जिसमें मासूमियत और चाहत बसी हो।
तेरे बदन में वो रवानगी है,
जो मुझे हर पल तेरी तरफ खींच लाती है।
तेरी गुलाबी त्वचा की नमी जैसे हर सवेरा,
जो मेरे दिल में ताजगी और नयापन छोड़ जाता है।
तेरे बदन की गर्मी जब पास होती है,
तो दिल और रूह दोनों में आग सी लग जाती है।
तो आ, इस गुलाबी रंग को और भी गहरा कर दें,
तेरे बदन की इन राहों में मैं खो जाऊं,
कि जब इश्क़ सच्चा होता है,
तो हर गुलाबी और बदन का एहसास रूह तक पहुंच जाता है।

99. मिलन और अरमान

तेरे साथ मिलन की जब भी सोचता हूँ,
दिल में एक अजीब सी धड़कन बढ़ जाती है।
मेरे अरमान तेरे पास पहुँचने के हैं,
कभी तू पास हो, तो इस पल को जिएं हम।
हमारा मिलन जैसे दो आत्माओं का मिलना,
जहाँ हर दूरी, हर फासला खत्म हो जाता है।
तेरे साथ इस पल में खो जाने का अरमान है,
कि हमारी मोहब्बत पूरी दुनिया से अजनबी हो जाती है।
तेरी आँखों में वो गहरे अरमान हैं,
जो मेरी रूह को छूकर, मुझे और भी करीब लाते हैं।
तेरे मिलन से जो आनंद मिलता है,
वो किसी ख्वाब से कम नहीं, जैसे सच हो जाता है।
तो आ, इस मिलन को और भी खास बना दें,
हमारे हर अरमान को साकार कर दें,
कि जब सच्चा प्यार होता है,
तो हर मिलन और अरमान दोनों एक साथ जीते हैं।

100. ख्वाब और सपना

ख्वाब वो मीठे पल होते हैं, जो आँखों में बसा लिए जाते हैं,
जब तुम पास होते हो, तो वो सपना साकार हो जाता है।
कभी हमारी राहों में आकर हम खो जाते हैं,
तब ख्वाब और सपना मिलकर हमें नए आशियाने दिखाते हैं।
ख्वाब की तरह तेरी यादें आती हैं,
जब भी तुझसे दूर होता हूँ, सपना बन जाती हैं।
तेरे बिना ये ख्वाब अधूरे से लगते हैं,
लेकिन तेरे पास होने पर, वो सपना पूरा हो जाता है।
तू जब पास होती है, तो ख्वाब और सपना एक हो जाते हैं,
हमारी सच्ची मोहब्बत में ये दोनों मिलकर एक नई दुनिया बनाते हैं।
ख्वाब की तरह तेरा हाथ जब मेरे हाथ में होता है,
तो हर सपना एक हकीकत में बदल जाता है।
तो आ, इस ख्वाब और सपना को साथ जीते हैं,
हम दोनों मिलकर हर पल को महसूस करते हैं,
कि जब मोहब्बत सच्ची होती है,
तो ख्वाब और सपना दोनों एक साथ जीते हैं।

101. घायल और ख्याल

तेरी घायल आँखों में जो ग़म छुपा है,
वो हर पल मेरे दिल को चीरता जाता है।
तेरे दर्द की गहराई को महसूस करूं,
तो मेरे ख्याल भी तुझसे जुड़ते जाते हैं।
तेरे घायल दिल की धड़कन जैसे एक ग़मगीन गीत हो,
जो हर एक लफ्ज़ में दर्द और प्यार को मिलाकर गाती है।
लेकिन मेरी ख्याल में हमेशा तू है,
तेरी हर हँसी, हर तकलीफ़ मेरे दिल में समाती है।
जब तुम घायल होते हो, तो मेरी ख्याल भी भटकने लगते हैं,
कैसे तेरे दर्द को सुकून दूं, यही सवाल मैं खुद से पूछता हूं।
मेरा ख्याल हमेशा तुझे खुश देखता है,
तू चाहे कितनी भी गहरी चोटों से गुजर रहा हो।
तो आ, इन घायल लम्हों को अपने ख्याल से भर दें,
हम दोनों मिलकर इस दर्द को मिठास में बदल दें,
कि जब मोहब्बत सच्ची होती है,
तो हर घायल और ख्याल एक साथ हमें मजबूती देते हैं।

102. घायल और धड़कन

तेरी घायल आँखों में जो दरद है,
वो मेरे दिल की धड़कन को और तेज़ कर जाता है।
तेरी घायल आँखों में वो खामोशी छुपी है,
जो मेरे दिल की धड़कन में तूफ़ान ले आती है।
तेरी घायल हालत को देख, मेरी धड़कन थम सी जाती है,
हर पल यही ख्वाहिश होती है कि तुझे सुकून मिले।
तेरी घायल रूह को छूकर, मेरी धड़कन भी उसी दर्द को महसूस करती है,
क्योंकि अब तो दिल और दिमाग, दोनों तुम्हारे एहसास से जुड़ जाते हैं।
जब तू घायल होता है, तो मेरी धड़कन बेमीतन हो जाती है,
जैसे हर एक धड़कन में तुम्हारी परछाई बसी हो।
तेरी घायल चीखें और मेरे धड़कन के तेज़ रुकते कदम,
कभी दोनों एक साथ एक ही दर्द में उलझ जाते हैं।
तो आ, हम दोनों इस घायल लम्हे को जी लें,
तेरी धड़कन के साथ एक नया रास्ता बना लें,
कि जब प्यार सच्चा होता है,
तो हर घायल और धड़कन हमें और भी पास ला देती हैं।

103. आशू और मोती

तेरे आशू जैसे समुंदर की गहरी लहरें,
जो मेरे दिल की धड़कन को चुपचाप बहा ले जाती हैं।
हर आशू में एक कहानी छुपी है,
जो दिल के कोने में दर्द के मोती बन जाती है।
तेरे आशू जो तेरी आँखों से गिरते हैं,
हर एक मोती की तरह मेरे दिल पर असर करते हैं।
जब तू रोती है, तो वो आशू भी तुझसे जुड़ जाते हैं,
जैसे दर्द और प्यार के मोती मेरे पास आ जाते हैं।
तेरी आशू की हर बूँद मेरे दिल को छू जाती है,
वो दर्द नहीं, एक अजीब सी खामोशी का इज़हार होती है।
इन आशू में जो मोती बसी है,
वो एक सच्चे प्यार का शहंशाह बन जाती है।
तो आ, इन आशू को अपने मोती में बदल दें,
हमारे प्यार के हर पल को एक सच्चे खजाने की तरह सहेज लें,
कि जब मोहब्बत सच्ची होती है,
तो हर आशू और मोटी एक नई जादूई कहानी बना देते हैं।

104. तेरा ही बसेरा होगा

जब तेरी नज़रें मेरी ओर उठीं, तो रवि भी थम सा गया,
सूरज की लाली में तेरा अक्स, हर दिशा में चमक गया।
नज़रें जो मिलीं तो लगा जैसे, कोई जादू सा चल गया,
रवि की तपिश भी हल्की पड़ी, जब तेरा चेहरा खिल गया।
तेरी नज़रों की वो गहराई, जैसे गंगा की शांत धारा,
जिसमें डूबकर हर राही, पाए सुकून का किनारा।
तेरी आँखों की रौशनी में, रवि का तेज भी फीका लगे,
जैसे तपते रेगिस्तान में, एक ठंडी छाँव का साया जगे।
रवि की गर्मी संग जब तेरी झील-सी आँखें मिलती हैं,
तो आग और पानी की ये जंग, एक प्रेम कहानी बनती है।
तेरी हँसी की मासूम किरणें, हर अंधियारा मिटा देती हैं,
और तेरी नज़रों की हल्की तपिश, दिल में मोहब्बत जगा देती है।
रवि की रोशनी संग नज़रें तेरी, जब भी मिल जाएंगी,
तो हर शाम एक ख्वाब बनेगी, हर सुबह नया गीत गाएगी।
नज़रें और रवि की इस जुगलबंदी में, प्रेम का नया सवेरा होगा,
जहाँ हर धड़कन, हर अहसास, बस तेरा ही बसेरा होगा।

105. पहली नज़र का जादू

नज़रें जब मिलीं पहली बार उस शाम,
दुनिया थम सी गई, रुक गई हर बात।
दिल की गहराइयों में चमकी आशा की लौ,
ख्वाबों के मंजर में खिल उठी धूप की छाँव।
खामोशी ने कहा कुछ, पर शब्दों ने चुप्पी साधी,
हर नज़र में छुपी थी इक अनकही कहानी।
हवाओं में घुली थी तेरा ही एक अक्स,
हर धड़कन ने लिखा तुझसे मिलने का पाठ।
उस पहली नज़र ने बांधा दिल को कस के,
जैसे बरसात में सूखी मिट्टी को प्यास लगी हो।
हर पल तेरे ख्यालों में खो जाने लगा,
तेरी मुस्कुराहट का जादू मन में समाने लगा।

नज़रें संग रवि

प्रेम मात्र एक एहसास नहीं, बल्कि जीवन का वह नितांत मधुर संगीत है, जो हृदय के तारों को झंकृत कर देता है। "नज़रें संग रवि" इसी अनूठे प्रेम, गहरे जुड़ाव और अविस्मरणीय एहसासों की एक अद्भुत कविता-संग्रह है, जो आपके मन की गहराइयों तक उतर जाएगा।

यह पुस्तक प्रेम की हर परत को छूती है| वह पहली नज़र का आकर्षण, धीमे-धीमे पनपता अपनापन, विरह की कसक, इंतज़ार की बेचैनी और फिर उस प्रेम की परिपूर्णता, जहाँ आत्माएँ एक-दूसरे में विलीन हो जाती हैं। हर कविता शब्दों की सीमाओं से परे जाकर उस गहराई को स्पर्श करती है, जिसे शायद प्रेमी-हृदय ही पूरी तरह समझ सकता है।

यह संग्रह न केवल प्रेम के उजाले को समेटे हुए है, बल्कि उन अनकहे एहसासों को भी उकेरता है जो अक्सर शब्दों में बंध नहीं पाते। कभी यह कविताएँ आपको मुस्कुराने पर मजबूर करेंगी, तो कभी आपकी आँखों में हल्की नमी छोड़ जाएँगी। यह प्रेम की वह यात्रा है, जहाँ हर पाठक अपने अनुभवों की छवि देख सकेगा, अपने एहसासों को महसूस कर सकेगा और अपनी ही प्रेम कहानी को जी सकेगा।

"नज़रें संग रवि" एक ऐसा काव्य-संग्रह जो दिल को छू लेगा, आत्मा को प्रेम की लौ से प्रज्ज्वलित कर देगा और हर पन्ने पर एक नई अनुभूति की झलक दे जाएगा। यदि आपने कभी प्रेम किया है, यदि आपका दिल कभी किसी के लिए धड़का है, तो यह पुस्तक आपके हृदय के सबसे कोमल कोनों को सहलाने वाली है।

आइए, प्रेम के इस सुंदर सफर में नज़रों के संग रवि की तरह चमकें और इस भावना को अपनी आत्मा तक समाहित करें।

- डॉ. रवि राज़ / Dr. Ravi Razz

लेखक परिचय

Dr. Ravi Razz एक प्रख्यात कवि, लेखक और विचारक हैं, जिनकी लेखनी प्रेम, जुनून और गहरी भावनाओं की सजीव अभिव्यक्ति है। वे नज़रें संग रवि जैसी उत्कृष्ट काव्य रचनाओं के सृजनकर्ता हैं, जो प्रेम के हर पहलू को बड़े ही मोहक और हृदयस्पर्शी अंदाज़ में प्रस्तुत करती हैं।

एक सफल उद्यमी के रूप में, Dr. Ravi Razz न केवल एक सृजनशील लेखक हैं, बल्कि वे [Minorstudy] के सीईओ और संस्थापक भी हैं। अपने व्यावसायिक अनुभव और संवेदनशील हृदय के मेल से वे जीवन और प्रेम की जटिलताओं को अपनी कविताओं में अद्भुत तरीके से पिरोते हैं। उनकी लेखनी पाठकों को एक ऐसी यात्रा पर ले जाती है, जहाँ वे अपनी भावनाओं को शब्दों के आईने में देख सकते हैं।

उनकी कविताएँ केवल प्रेम की कहानी नहीं कहतीं, बल्कि जीवन के हर उस एहसास को संजोती हैं, जो दिल को छू जाता है। वे अपनी लेखनी के माध्यम से पाठकों को एक नई दृष्टि देने का प्रयास करते हैं, जहाँ प्रेम केवल एक भावना नहीं, बल्कि आत्मा का एक अनमोल संगीत बन जाता है।

Dr. Ravi Razz का मानना है कि शब्दों में वह शक्ति है, जो दिलों को जोड़ सकती है, और यही कारण है कि वे अपनी कविताओं के माध्यम से प्रेम, समर्पण और भावनाओं की सुंदरता को जीवंत करते रहते हैं।

- डॉ. रवि राज़ / Dr. Ravi Razz

एक मासूम शाम

संध्या की हल्की गुलाबी रोशनी,
हवा में घुली मदहोश नमी।
क्षितिज पे सूरज सुस्ताने लगा,
चुपके से चाँद मुस्काने लगा।
हौले-हौले चलती वो पुरवाई,
जैसे कोई कहानी सुनाई।
खामोशियों में था कुछ गहरा,
शायद यादों का इक पहरा।
कुछ सपने थे पलकों पे ठहरे,
कुछ आंसू थे आंखों में बहते।
कोई दस्तक दिल पे हुई थी,
या बीती घड़ियां लौटी थीं?
वो शाम थी मासूम मगर,
दिल में जगा गई असर।
एक अधूरी ख्वाहिश की लौ,
जो बुझी नहीं, रही संजो।

- डॉ. रवि राज़ / Dr. Ravi Razz

समर्पण

प्रेम यदि है, तो पूर्ण हो,
अधूरी चाहत का क्या वजूद हो?
जब सांसें जुड़ी हैं नाम तेरे,
तो हर धड़कन भी तेरे रूबरू हो।
　　मैंने खुद को तुझमें खो दिया,
तेरी राहों में ही जीवन बो दिया।
अब न मेरी कोई पहचान है,
तेरे बिना तो बस एक अरमान है।
　　तेरी हँसी में मेरी खुशी हो,
तेरे आँसू मेरी वेदना।
तेरी दुनिया में ही मैं बसूँ,
यही हो मेरे प्रेम की साधना।
　　न कोई चाहत, न कोई गिला,
बस तेरा साथ, मेरा काफ़िला।
मैं तेरी रौशनी का अंश हूँ,
तू मेरा आसमां, मैं तेरा तारा हूँ।
　　समर्पण मेरा, इबादत मेरी,
तेरा नाम ही आराधना मेरी।
अब जो भी हूँ, बस तेरा हूँ,
तेरे प्यार में ही खो गया हूँ।
　　- डॉ. रवि राज़ / Dr. Ravi Razz

www.ingramcontent.com/pod-product-compliance
Lightning Source LLC
LaVergne TN
LVHW101616210926
848480LV00009B/574
9798904510428